核梦璀璨

我国核工业第一批厂矿照片集

(1958—2018)

王寿君　主编

中国原子能出版社

图书在版编目（CIP）数据

核梦璀璨——我国核工业第一批厂矿照片集 / 王寿君主编. — 北京：中国原子能出版社，2018.5

ISBN 978-7-5022-8971-3

Ⅰ. ①核… Ⅱ. ①王… Ⅲ. ①原子能工业 - 工业史 - 中国 - 摄影集 Ⅳ. ①F426.23-64

中国版本图书馆CIP数据核字(2018)第068302号

核梦璀璨——我国核工业第一批厂矿照片集

出版发行 中国原子能出版社（北京市海淀区阜成路43号 100048）

总　　编 李 涛

责任编辑 王 丹 白 佳

装帧设计 赵 杰

责任校对 冯莲凤

责任印刷 潘玉玲

印　　刷 北京卓诚恒信彩色印刷有限公司

经　　销 全国新华书店

开　　本 787 mm × 1092 mm 1/16

印　　张 18.5

字　　数 350千字

版　　次 2018年5月第1版　　2018年5月第1次印刷

书　　号 ISBN 978-7-5022-8971-3　　定 价：168.00元

网　　址：http://www.aep.com.cn　　E-mai：atomep123@126.com

发行电话：010-68452845　　

《核梦璀璨》

前　言

20 世纪 50 年代中期，面对美帝国主义的核武恐吓，最令中国人民鼓舞、永志不忘的是：1955 年 1 月 15 日，毛泽东在中南海主持召开中共中央书记处扩大会议，作出了建立和发展我国原子能工业的战略决策。

按照党中央的决策和部署，为了保障原子能工业的发展，尽快研制出自己的“两弹一艇”，1958 年 5 月，时任中央委员会总书记邓小平批准了二机部上报的核工业第一批重点厂矿选址方案。我国在青海高原、玉门戈壁、大青山下、黄河之滨、湘江之畔、湘赣大山等地，摆开了核产业体系骨干企业建设的战场。这些骨干企业被称为“核工业第一批厂矿”，它们是七一一矿、七一二矿、七一三矿、二七二厂、二〇二厂、五〇四厂、四〇四厂、221 基地等。

核工业第一批厂矿作为我国核工业体系的重要组成部分，其建成与投产，不仅为我国第一颗原子弹、氢弹，第一艘核潜艇的成功研制提供了重要的物质保障，为我国核工业发展作出了历史性的贡献，更为我国核工业后续的壮大奠定了坚实的技术基础、人才基础、物质基础、精神文化基础，是我国核产业发展的基石。

回首沧桑一甲子，铸就辉煌六十年。

而今，走过 60 年风雨历程的核工业第一批厂矿发生了很大的变化。虽然有的在完成历史使命之后因资源枯竭而关闭，有的在改革调整中改了企业名称，有的因战略调整而销号，但那段过往的光辉历程还在，第一代核工业创业者的精神还在，这些依然值得我们铭记，值得我们怀念，这段辉煌的历史足迹将彪炳史册。

2018 年，在核工业第一批厂矿创建 60 周年之际，中核集团组织出版《核梦璀璨——我国核工业第一批厂矿照片集》，以照片的形式，真实讲述我国核工业第一批厂矿 60 年来的奋斗历程。共有八个篇章，分别反映了不同时期核工业第一批厂矿的人和事，集中反映了第一批厂矿的建设发展，展示了核工业人的精神风貌和“四个一切”核工业精神，展示了核工业第一批厂矿进入军民融合发展时期，抢抓机遇、转型升级、创新发展，并取得的新成就。选用的照片有核工业第一批厂矿建设时期的，也有调整改革发展时期的；有员工奋斗的精彩瞬间，也有耐人寻味的人文景观。张张照片不仅向我们讲述了感人的故事，而且蕴藏了丰富的文化内涵，是我国核工业过去、现在和未来的缩影。

党的十九大报告强调，人民有信仰，国家有力量，民族有希望。60 年来，一代又一代核工业人筚路蓝缕，玉汝于成，铸就了祖国坚强核盾。这些照片背后的故事，记录着历史，镌刻着现实，也必将影响着未来。

1958 年 5 月，时任中央委员会总书记邓小平批准了二机部上报的核工业第一批重点厂矿选址方案。

目 录

第一章 兴核强军梦 1

第二章 荒原铸核盾 19

第三章 峥嵘岁月稠 47

第四章 挺起核脊梁 67

第五章 数风流人物 103

第六章 无往不成今 127

第七章 传承在今朝 157

第八章 续写核辉煌 207

后　记 280

第一章 兴核强军梦

毛泽东主席作为伟大的政治家、军事家、战略家，为了打破帝国主义的核恐吓、核威胁，从中华人民共和国成立起，就在思考要发展原子能事业，搞原子弹这个战略问题。1955 年 1 月 15 日，毛泽东主持召开中共中央书记处扩大会议，作出了发展原子能工业的战略决策。第二年春天，毛泽东在《论十大关系》中指出，要有原子弹，“在今天的世界上，我们要不受人家欺负，就不能没有这个东西。”此后，毛泽东又确定了“自力更生为主，争取外援为辅”发展核武器、导弹事业的方针。

为了不受帝国主义的欺辱，中国必须掌握原子弹，党中央的战略决策成为了核工业人的强军梦想！

开业之石
毛泽东等中央领导研观过的铀矿石标本

我国开采出的第一块铀矿石

1954 年，在广西发现铀矿，这为当时党中央决心搞原子弹奠定了坚实的物质基础。1955 年 1 月 15 日，此铀矿石被带进中南海向中央领导做放射性测量演示，后被誉为“开业之石”。

1955 年 1 月 15 日，毛泽东在中南海主持召开中共中央书记处扩大会议，听取李四光、刘杰、钱三强关于发展我国原子能工业的汇报，作出了要加快发展原子能工业的伟大决策。毛泽东指出：“这件事总是要抓的，现在是时候了，该抓了。”

人物从左至右为：李富春、彭真、周恩来、毛泽东、刘少奇、邓小平、薄一波、刘杰、钱三强、李四光（图为场景复原）。

1956年11月16日，第一届全国人大常委会第51次会议通过决定，设立“中华人民共和国第三机械工业部”，主管我国原子能事业（核工业）的建设和发展工作。宋任穷任部长，刘杰、袁成隆、刘伟、雷荣天、钱三强任副部长。1958年2月21日，第三机械工业部改名为第二机械工业部。

地质勘探研究

20 世纪 50 年代中期，铀矿地质队员在树皮房前研究地质勘探地图，为矿点选择和铀矿冶建设奠定了基础。

土法炼铀

20 世纪 50 年代的土法炼铀现场。

1963 年 4 月 2 日，毛泽东主席等党和国家领导人接见参加铀矿地质会议的人员。

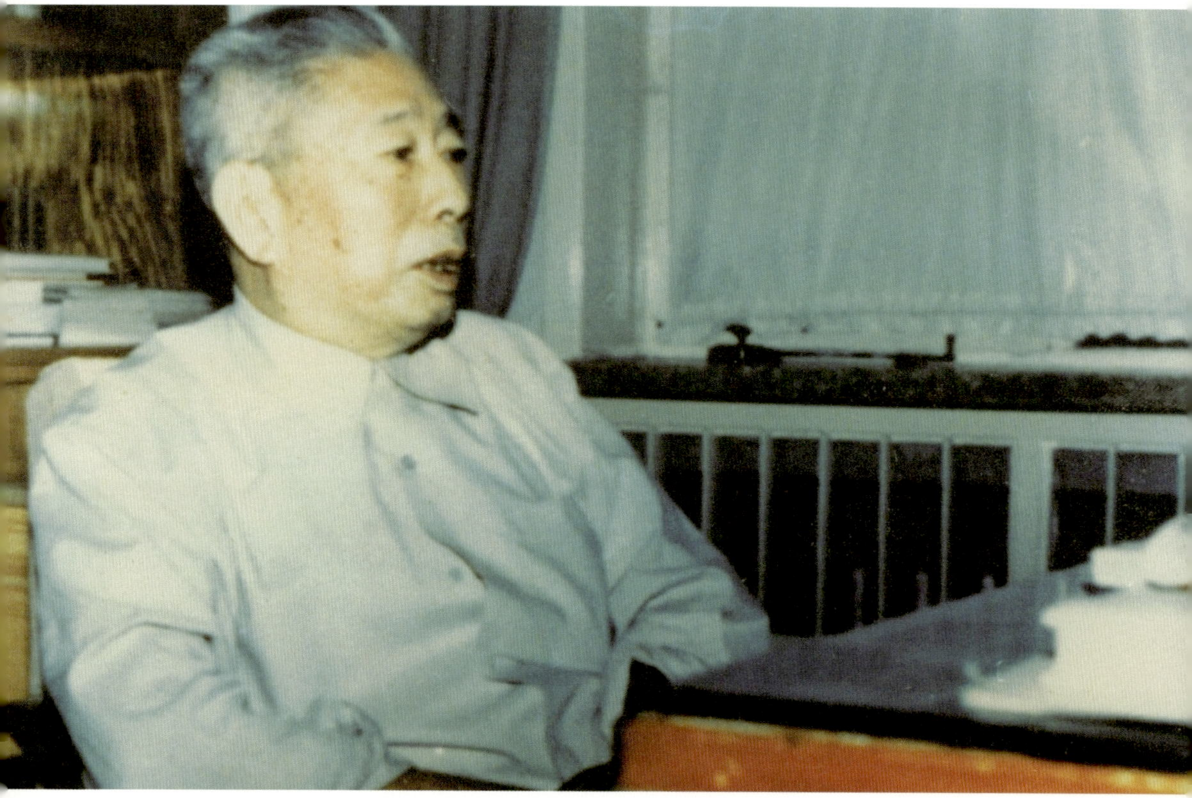

宋任穷

1956—1960 年，任第三机械工业部（第二机械工业部）首任部长，我国原子能事业大规模建设时期的主要领导者之一。研究制定了原子能事业发展方针和规划，组建了原子能事业领导机构，选拔了大批优秀干部、科技专家和技术工人，为我国原子能事业顺利发展奠定了坚实的基础。

刘 杰

1952—1957 年，任地质部副部长、党组书记、国务院三办副主任，1956—1967 年先后任三机部副部长、二机部副部长、二机部党组副书记，部长、党组（党委）书记。作为我国原子能事业的开拓者和领导者之一，组织领导了“两弹”（原子弹、氢弹）的研制与试验，为我国核事业发展作出了重要贡献。

李 觉

1958 年 1 月 8 日，三机部党组决定设立直属的核武器研究所（部内代号为九局，京区对外为北京第九研究所），负责核武器研制和基地建设工作。连同先前成立的十四局、十五局等，形成了核武器、核燃料核心主管局。1957 年，李觉任九局局长，1964 年任二机部副部长，1982 年任核工业部顾问。在其组织领导下，完成了我国第一颗原子弹、氢弹的研制以及武器化工作。

苏 华

1958 年 12 月，任二机部十二局局长。确定了 29 项重大技术课题和 88 项一般技术之关键项目，组织制定 7 项科研生产措施，确保了“三矿一厂”建设全面完成，生产出合格的天然铀产品，满足了核武器研制工作的需要。组织制定了《铀矿冶工作技术经济政策》，对促进我国铀矿冶建设和生产的标准化和规范化及其长期健康发展产生了积极深远的影响。1978 年任二机部副部长。

周　秩（右一）

二机部十四局最初为四〇四厂。1957 年 7 月，周秩调任二机部十四局，负责四〇四厂选址、筹建等工作，是四〇四厂主要创建者、首任厂长、党委书记。在极其艰苦的条件下，他带领科研人员，为我国第一颗原子弹研制出了合格产品。1978 年任二机部副部长 ,1982 年任核工业部顾问。

王介福

1956 年 10 月起，历任二机部十五局（五〇四厂）筹备处主任、厂长、二机部十五局负责人。负责五〇四厂筹建，带领建设者为我国第一颗原子弹生产出了合格的高浓缩铀。1978 年任二机部副部长。

内蒙古选址勘查

二〇二厂选址委员会主席杨朴（右二）、二〇二厂第一任党总支书记王焕新（右一）陪同专家在内蒙古进行选址勘查。

我国第一座研究性重水反应堆

1956 年 5 月，我国第一座研究性重水反应堆和第一台回旋加速器在原子能研究所动工兴建。1958 年 9 月 27 日，研究性重水反应堆和回旋加速器建成并交付使用，标志着我国开始跨进原子能时代。

我国第一台回旋加速器

第二章　荒原铸核盾

按照中共中央批准的核工业第一批厂矿选址方案，1958年5月起，核工业第一批厂矿——七一一矿、七一二矿、七一三矿、二七二厂、二〇二厂、五〇四厂、四〇四厂、221基地等陆续开工建设，迈出了荒原铸盾的步伐。

荒凉的戈壁沙漠

来自全国各地的建设者

大学生们

刚毕业的大学生奔赴戈壁滩（四〇四厂）。

建设场景

正在建设中的二〇二厂房。

建厂初期大会战

二〇二厂始建于 1958 年，位于大青山脚下，是我国第一个核材料、核燃料元件科研生产基地，建成了我国第一条铀化工生产线、核燃料元件生产线、锂同位素生产线，为我国“两弹”研制了贫铀结构件和热核材料，为我国国防建设和核科技发展作出了重要贡献。

建厂时的劳动场面

兰州铀浓缩厂五〇四厂始建于 1958 年，位于黄河之滨。是我国第一座浓缩铀生产厂，先后为我国第一颗原子弹、第一颗氢弹、第一艘核潜艇、第一座核电站提供了合格的浓缩铀，被称为“中国浓缩铀工业的摇篮”。

工程指挥部（五〇四厂）

职工在铺设管网（五〇四厂）

技术人员进行水资源检测（五〇四厂）

建设初期的施工现场（221 基地）

职工搭建帐篷（四〇四厂）

建设者们居住的“干打垒”房屋（七一一矿）

八〇一工程现场指挥部及建设场景（四〇四厂）

职工在建设铁路（四〇四厂）

正在进行混凝土浇筑

大型混凝土预制构件吊装

施工人员指挥吊装作业

建设中的我国第一座后处理厂厂房

1958 年开始建设的四〇四厂，是我国建设的体系最完整、规模最大、政企合一的核工业综合性科研生产企业，为我国第一颗原子弹、氢弹的成功爆炸作出了重要贡献。

2 号主井全景（七一一矿）

1958 年开始建设的七一一矿是我国最早发现和勘探的大型铀矿之一，被二机部部长刘杰赞誉为“中国核工业第一功勋铀矿”。

二工区主井井架（七一二矿）

1958 年开始建设的七一二矿是我国最早发现和勘探的铀矿之一。

水冶厂外景（七一三矿）

1958 年开始建设的七一三矿是我国第一座铀矿采冶联合企业。

建成后全景（二七二厂）

1958 年开始建设的二七二厂是我国第一座大型铀水冶纯化厂，承担着生产二氧化铀等重要任务。

原 24 号厂房（五所）

1958 年成立的六所（后改为五所），是我国铀矿选冶研究机构，位于北京通州。创建之初，从富铀、钍矿石中提炼出了我国第一块铀锭、第一块钍锭，在 24 号厂房里简法生产出了吨量级的二氧化铀和四氟化铀，满足了后续单位试验研究的需要，为我国第一次核试验提供了原料。刘杰部长说：“二氧化铀和四氟化铀产品的提供，加速了试验第一颗原子弹的工作进程，使我国核工业事业的速度提前了一年。”

反应堆冷却塔（四〇四 厂）

我国第一个核武器研制基地鸟瞰图

1958 年开始建设的 221 基地位于青海省海晏县境内的金银滩草原。我国第一颗原子弹、第一颗氢弹在此诞生。

第三章 峥嵘岁月稠

正当刚刚起步的核工业第一批厂矿如火如荼建设之际，1959 年 6 月苏联政府毁约断援，拒绝向我国提供原子弹教学模型和图纸资料，加上当时国内自然灾害所造成的困难，致使我国原子弹研制工作陷入了困难境地。性格豪爽的陈毅元帅感慨地说："脱了裤子当了也要把原子弹搞出来！"他还对核武器研究所的科学家们说："我这个外交部长的腰杆现在还不太硬。你们把原子弹搞出来了，我的腰杆就硬了。"

1961 年 7 月 16 日，中共中央发出了《关于加强原子能工业建设若干问题的决定》，指出：为了自力更生突破原子能技术，加速原子能工业的建设，中央认为有必要进一步缩短战线，集中力量，加强有关方面对原子能工业建设的支援。

生产自救

四〇四厂职工建设农场，开荒种地。

生产自救

四Ｏ四厂职工采集骆驼草籽充饥。

骆驼草

生产自救

221 基地基建人员在青海湖捕鱼度粮荒。

生产自救

二〇二厂职工修旧利废，厉行节约，共同克服困难。

生产自救

包头市政府拨给二O二厂的奶牛。

生产自救

四O四厂职工搬运物资。

“一厘钱精神”诞生地

（二〇二厂化学实验室）

1960 年，国家物资十分紧缺，二〇二厂精打细算，甚至到了节约一厘钱的地步，因此被称为“一厘钱精神”。

熬制炸药

北京九所的科研人员在 17 号工地土法熬制爆轰试验用的炸药。

打放炮孔

七一一矿工人正在巷道内作业。

职工工作掠影

努力攀登科技高

世界地图

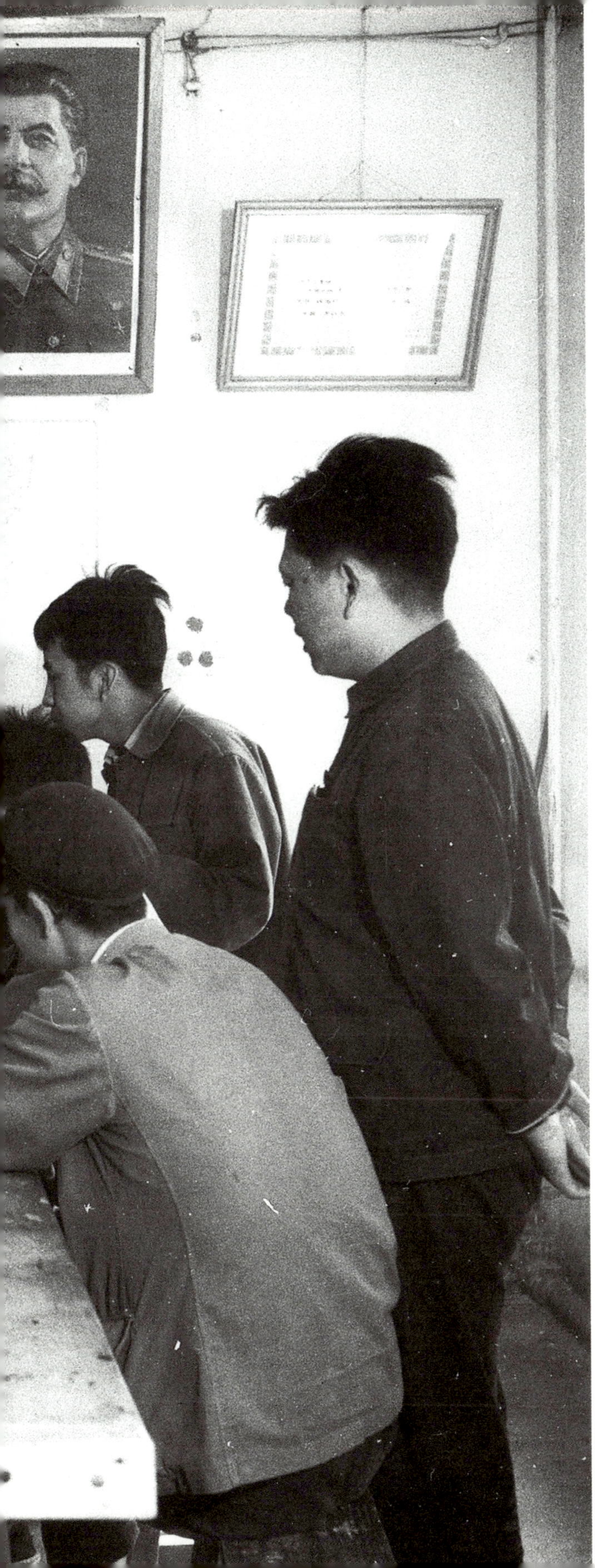

科研攻关（四〇四厂）

职工工作掠影

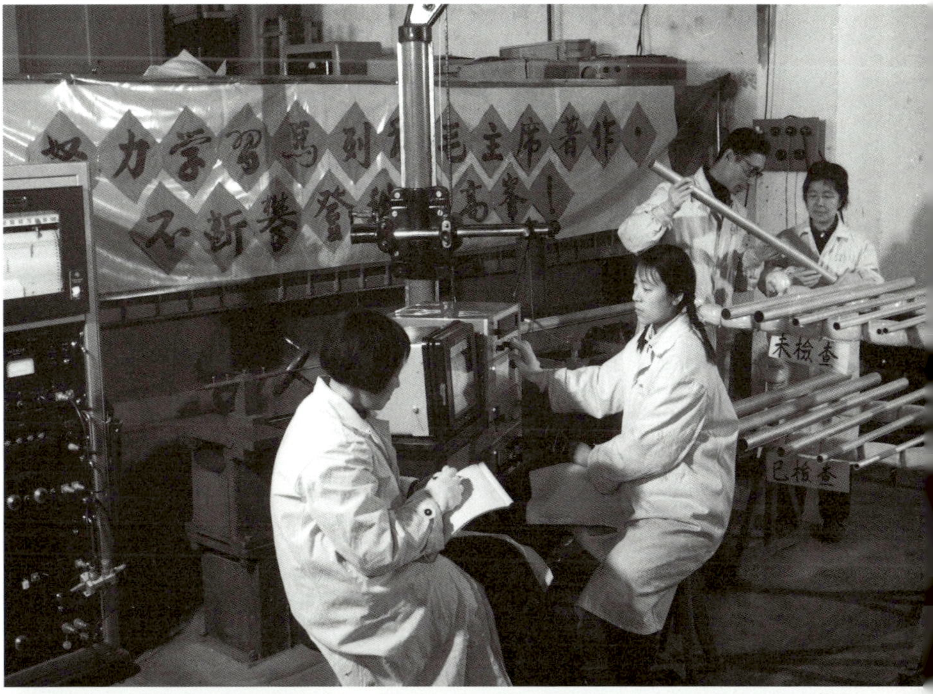
未检查
已检查

厂房是战场
工具做刀枪
拼命多生产
打击帝修反

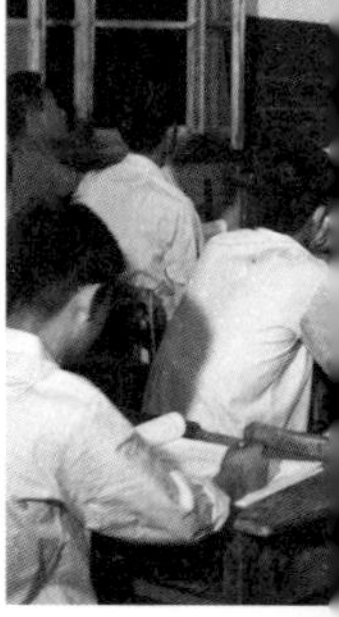

职工及其家属在学习

第四章 挺起核脊梁

党中央作出发展原子能事业战略决策，特别是中央专门委员会成立后，组织调动全国各有关部门和地区的力量，支援核工业建设和核武器研制，加快研制步伐，各条战线捷报频传。

两弹的研制成功，显示了中华民族的创造能力，在国内外产生了巨大而深远的影响，打破了超级大国的核讹诈和核垄断，奠定了我国在国际事务中的重要地位，振了国威、军威，极大地鼓舞了中国人民的志气，增强了中华民族的凝聚力！

1962 年 9 月 11 日

二机部党组上报党中央，提出“争取在 1964 年，最迟在 1965 年上半年爆炸我国第一颗原子弹”的目标。

1962 年 11 月 3 日

罗瑞卿上报《关于加强原子能工业领导问题的报告》，毛泽东批示：“很好，照办。要大力协同做好这件工作。”

1962 年 11 月

七一三矿建成，经国家验收，正式投产。

1962 年 12 月

二〇二厂四氟化铀车间投料生产。

1963 年 3 月

由邓稼先、周光召等负责的第一颗原子弹的理论设计方案完成。

1963 年 11 月

四〇四厂生产出第一瓶合格的六氟化铀。

1964 年 1 月 14 日

五〇四厂生产出高浓缩铀。

1964 年 6 月 6 日

221 基地 1∶1 大型综合性爆轰试验达到预期目标。

1964 年 10 月 16 日

我国第一颗原子弹爆炸成功。

1967 年 6 月 17 日

我国第一颗氢弹爆炸成功。

…………

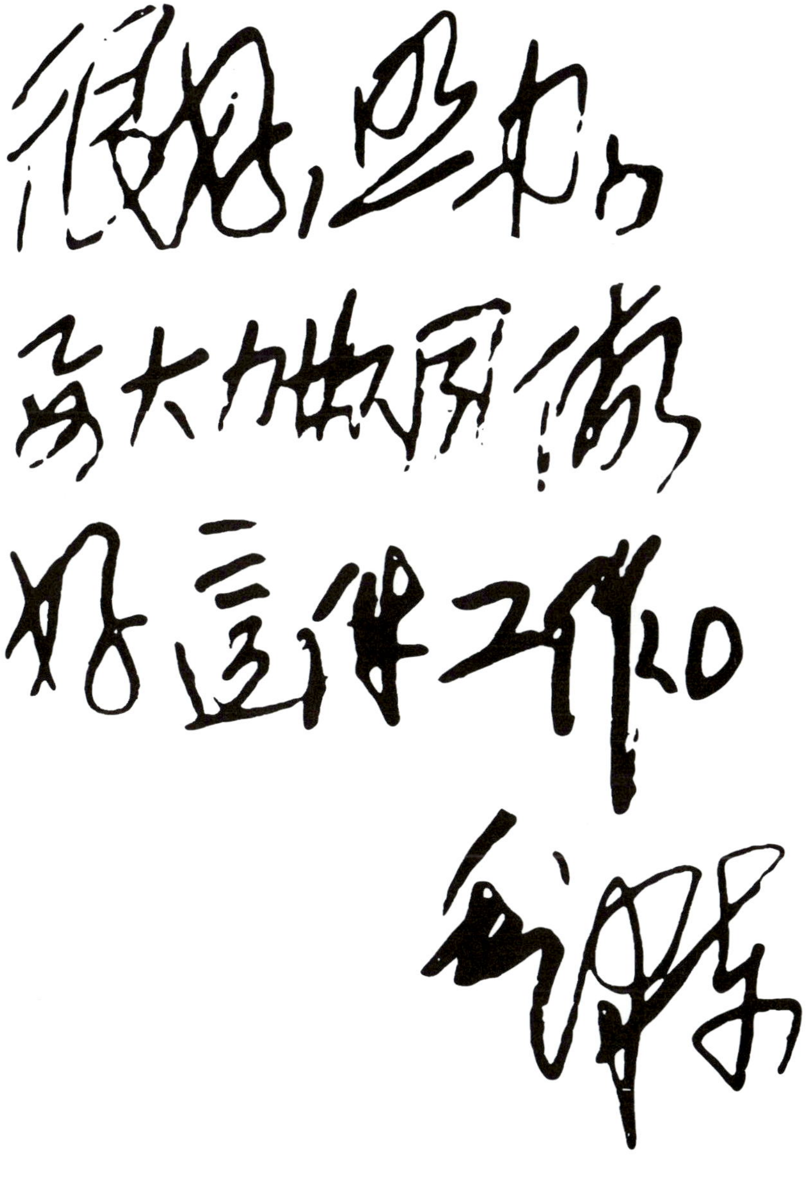
很好，照此办。要大力协同做好這件工作。
毛泽东

周恩来
国务院总理

贺　龙
国务院副总理
国防工委主任

李富春
国务院副总理
国家计委主任

陆定一
国务院副总理
中宣部部长

聂荣臻
国务院副总理
国防科委主任

罗瑞卿
国务院副总理
国防工办主任

王鹤寿
冶金工业部部长

刘　杰
二机部部长

孙志远
三机部部长

李先念
国务院副总理
财政部部长

薄一波
国务院副总理
国家经委主任

赵尔陆
国防工办常务副主任

张爱萍
副总参谋长
国防科委副主任

段君毅
一机部部长

高　扬
化工部部长

中央专门委员会成员

中共中央为统一领导原子能工业的建设和核武器的研制试验工作，1962 年 11 月 17 日，召开中央专门委员会第一次会议，宣布中共中央直接领导下的中央专门委员会正式成立，周恩来任主任，成员有贺龙、李富春、李先念、薄一波、陆定一、聂荣臻、罗瑞卿、赵尔陆、张爱萍、王鹤寿、刘杰、孙志远、段君毅、高扬。委员会下设办公室作为日常办事机构，罗瑞卿任主任，赵尔陆、张爱萍、刘杰、郑汉涛任副主任。12 月 14 日，中共中央就成立中央专门委员会发出通知。

爆轰试验场

1960 年 4 月 21 日，在河北省怀来县 17 号工地，研究人员打响了爆轰试验第一炮。

我国第一台 20 平方米水平真空带式过滤机

此过滤机成功应用于七一三矿，实现了对铀矿浆的固液分离。

动员大会现场

1963 年，四 O 四 厂 召开大干八九十月动员大会。同年 11 月拿出了第一瓶合格的六氟化铀。

我国第一条浓缩铀生产线扩散主工艺老厂房一角

1964 年 1 月 14 日，五 O 四 厂生产出第一批合格产品，为我国第一颗原子弹提供了精制“口粮”。

1964 年 1 月 18 日，毛泽东主席在二机部给党中央的关于五 O 四 厂取得合格产品的报告中批示：“已阅，很好。”

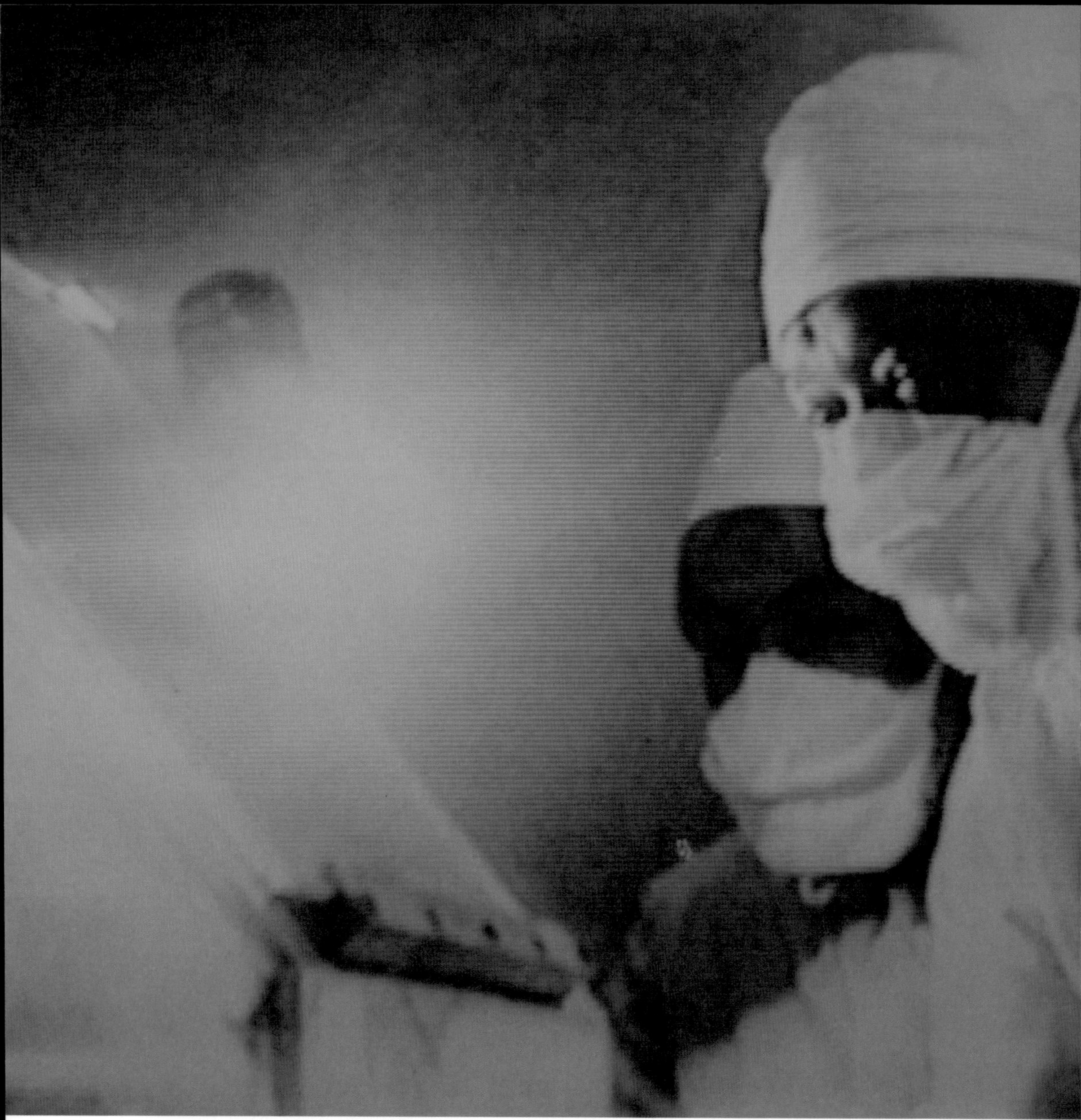

四 O 四 厂 技术工人原公浦

因加工我国第一颗原子弹核心部件的最后关键三刀，被称为“原三刀”。

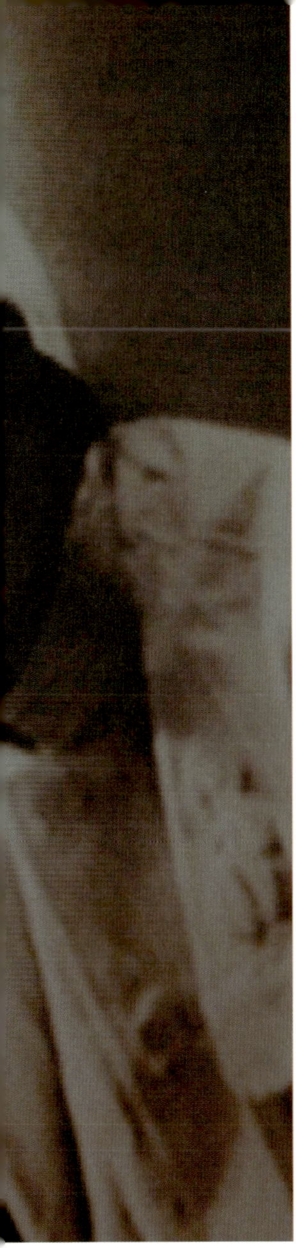

加工第一颗原子弹核心部件的车床

1964 年 5 月 1 日，第一颗原子弹核心部件在四 O 四 厂 加工完成。

浓密机

七一三矿用于制备清液的直径 30 米的浓密机。

原子弹贫铀结构件诞生地（627 仓库）

1964 年，二〇二厂研究人员在简易的仓库里，试制出了原子弹贫铀结构件。这种因陋就简干大事业的精神被时任总参谋长的罗瑞卿誉为“仓库精神”。

铀矿冶系统最大的球磨车间（二七二厂）

锂同位素分离生产线外景（二〇二厂）

1965 年 9 月，锂同位素分离生产线在二〇二 厂投料试车成功，并为 1967 年 6 月 17 日我国第一颗氢弹爆炸提供了热核材料。

在核试验场区

王淦昌、彭桓武、郭永怀、邓稼先等在核试验场区。

万事俱备，1964 年 10 月 16 日，
我国第一颗原子弹准备试爆。

首次核试验装置准备上塔。

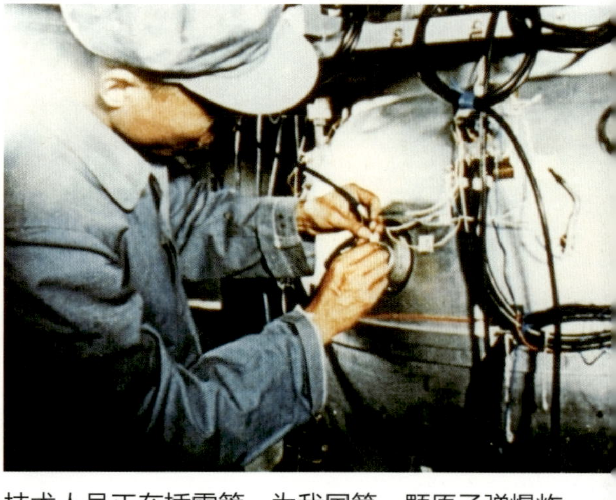

技术人员正在插雷管，为我国第一颗原子弹爆炸做准备。

我国进行首次核试验的 102 米铁塔

张蕴钰（右一）司令员向插完雷管后的技术人员陈常宜（右二）等致意。

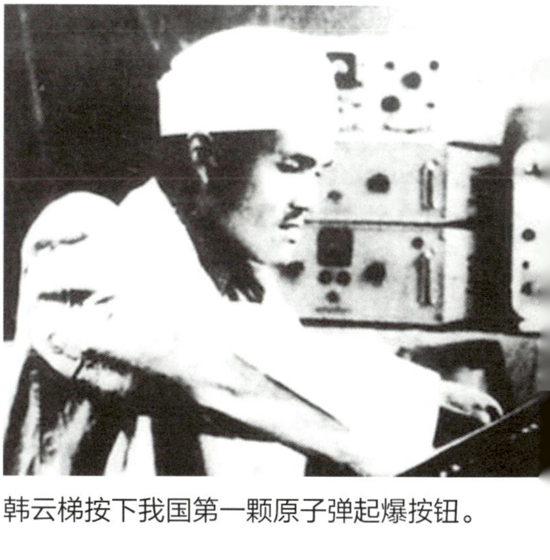

韩云梯按下我国第一颗原子弹起爆按钮。

1964 年 10 月 16 日，我国
第一颗原子弹爆炸成功。

核试验总指挥张爱萍上将（右一）向北京报告这一喜讯。

张蕴钰、张爱萍、朱光亚、刘西尧（右起）等在指挥台上欢呼原子弹爆炸成功。

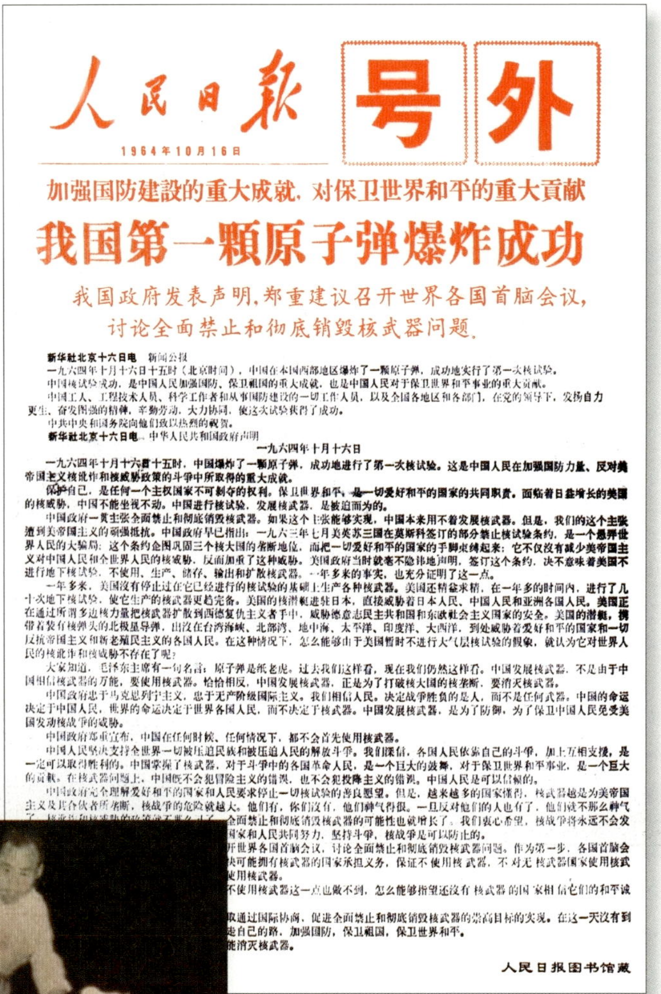
人民日報 号外

1964年10月16日

加强国防建設的重大成就，对保卫世界和平的重大貢献

我国第一颗原子弹爆炸成功

我国政府发表声明，郑重建议召开世界各国首脑会议，讨论全面禁止和彻底销毁核武器问题。

新华社北京十六日电 新闻公报

一九六四年十月十六日十五时（北京时间），中国在本国西部地区爆炸了一颗原子弹，成功地实行了第一次核试验。

中国核试验成功，是中国人民加强国防、保卫祖国的重大成就，也是中国人民对于保卫世界和平事业的重大贡献。

中国工人、工程技术人员、科学工作者和从事国防建设的一切工作人员，以及全国各地区和各部门，在党的领导下，发扬自力更生、奋发图强的精神，辛勤劳动，大力协同，使这次试验获得了成功。

中共中央和国务院向他们致以热烈的祝贺。

新华社北京十六日电 中华人民共和国政府声明

一九六四年十月十六日

一九六四年十月十六日十五时，中国爆炸了一颗原子弹，成功地进行了第一次核试验。这是中国人民在加强国防力量、反对美帝国主义核讹诈和核威胁政策的斗争中所取得的重大成就。

保护自己，是任何一个主权国家不可剥夺的权利。保卫世界和平，是一切爱好和平的国家的共同职责。面临着日益增长的美国的核威胁，中国不能坐视不动。中国进行核试验，发展核武器，是被迫而为的。

中国政府一贯主张全面禁止和彻底销毁核武器。如果这个主张能够实现，中国本来用不着发展核武器。但是，我们的这个主张遭到美帝国主义的顽强抵抗。中国政府早已指出：一九六三年七月美英苏三国在莫斯科签订的部分禁止核试验条约，是一个愚弄世界人民的大骗局；这个条约企图巩固三个核大国的垄断地位，而把一切爱好和平的国家的手脚束缚起来；它不仅没有减少美帝国主义对中国人民和全世界人民的核威胁，反而加重了这种威胁。美国政府当时就毫不隐讳地声明，签订这个条约，决不意味着美国不进行地下核试验，不使用、生产、储存、输出和扩散核武器。一年多来的事实，也充分证明了这一点。

一年多来，美国没有停止过在它已经进行的核试验的基础上生产各种核武器。美国还精益求精，在一年多的时间内，进行了几十次地下核试验，使它生产的核武器更趋完备。美国的核潜艇进驻日本，直接威胁着日本人民、中国人民和亚洲各国人民。美国正在通过所谓多边核力量把核武器扩散到西德复仇主义者手中，威胁德意志民主共和国和东欧社会主义国家的安全。美国的潜艇，携带着装有核弹头的北极星导弹，出没在台湾海峡、北部湾、地中海、太平洋、印度洋、大西洋，到处威胁着爱好和平的国家和一切反抗帝国主义和新老殖民主义的各国人民。在这种情况下，怎么能够由于美国暂时不进行大气层核试验的假象，就认为它对世界人民的核讹诈和核威胁不存在了呢？

大家知道，毛泽东主席有一句名言：原子弹是纸老虎。过去我们这样看，现在我们仍然这样看。中国发展核武器，不是由于中国相信核武器的万能，要使用核武器。恰恰相反，中国发展核武器，正是为了打破核大国的核垄断，要消灭核武器。

中国政府忠于马克思列宁主义，忠于无产阶级国际主义。我们相信人民。决定战争胜负的是人，而不是任何武器。中国的命运决定于中国人民，世界的命运决定于世界各国人民，而不决定于核武器。中国发展核武器，是为了防御，为了保卫中国人民免受美国发动核战争的威胁。

中国政府郑重宣布，中国在任何时候、任何情况下，都不会首先使用核武器。

中国人民坚决支持全世界一切被压迫民族和被压迫人民的解放斗争。我们深信，各国人民依靠自己的斗争，加上互相支援，是一定可以取得胜利的。中国掌握了核武器，对于斗争中的各国革命人民，是一个巨大的鼓舞，对于保卫世界和平事业，是一个巨大的贡献。在核武器问题上，中国既不会犯冒险主义的错误，也不会犯投降主义的错误。中国人民是可以信赖的。

中国政府完全理解爱好和平的国家和人民要求停止一切核试验的善良愿望。但是，越来越多的国家懂得，核武器越是为美帝国主义及其合伙者所垄断，核战争的危险就越大。他们有，你们没有，他们神气得很。一旦反对他们的人也有了，他们就不那么神气了……全面禁止和彻底销毁核武器的可能性也就增长了。我们衷心希望，核战争将永远不会发……国家和人民共同努力，坚持斗争，核战争是可以防止的。

……开世界各国首脑会议，讨论全面禁止和彻底销毁核武器问题。作为第一步，各国首脑会……决可能拥有核武器的国家承担义务，保证不使用核武器，不对无核武器国家使用核武……使用核武器。

……不使用核武器这一点也做不到，怎么能够指望还没有核武器的国家相信它们的和平诚……

……取通过国际协商，促进全面禁止和彻底销毁核武器的崇高目标的实现。在这一天没有到……走自己的路，加强国防，保卫祖国，保卫世界和平。

……能消灭核武器。

人民日报图书馆藏

新闻报道

1964年10月16日，《人民日报》号外报道我国第一颗原子弹爆炸成功的消息。

周总理在人民大会堂宴会厅内宣布我国第一颗原子弹爆炸成功的消息

1964 年 10 月 16 日 17 时左右，在北京人民大会堂宴会厅，周恩来总理向参加大型歌舞史诗《东方红》的演出人员宣告：“同志们，毛主席让我向大家报告个好消息，我们第一颗原子弹爆炸成功了！”顿时，整个大厅沸腾起来。周总理风趣地告诫大家：“同志们，你们小心，别把地板蹦塌了！”

轰六飞机载运核航弹进入靶区

1965 年 5 月 14 日，核航空炸弹“2923”在轰六飞机（TY-16）的载运下进入靶区，在距离地面 510 米处空爆成功。标志我国首次拥有可用于作战的核武器。

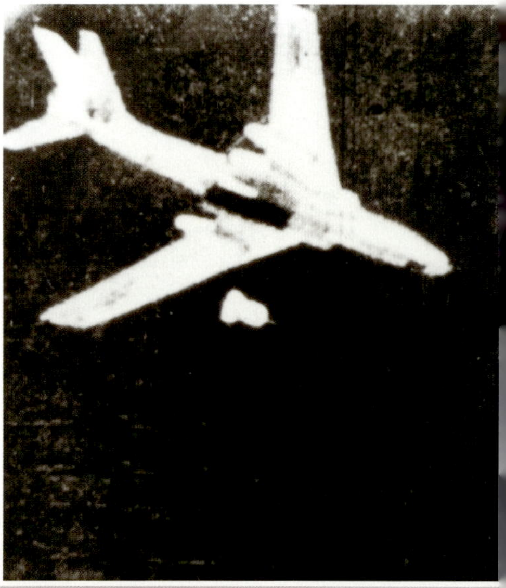

“东风”二号导弹升空

1966 年 10 月 27 日，“东风”二号导弹装载着核弹头从试验场升空，在预定地点爆炸成功。

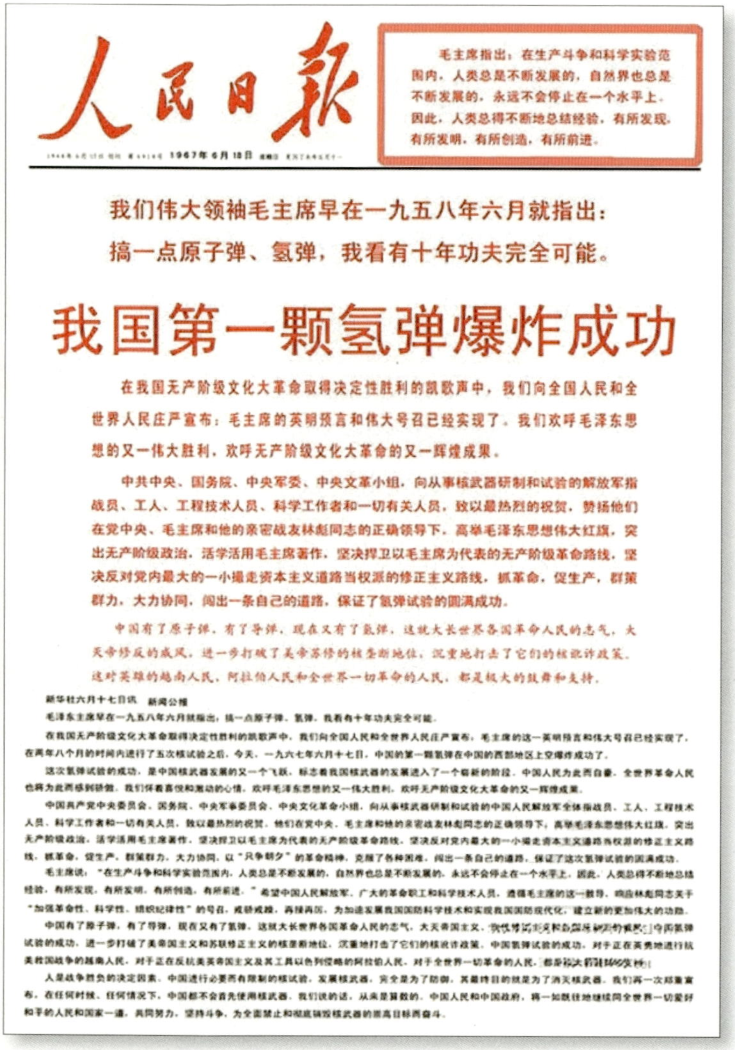

人民日报

1967年6月18日

毛主席指出：在生产斗争和科学实验范围内，人类总是不断发展的，自然界也总是不断发展的，永远不会停止在一个水平上。因此，人类总得不断地总结经验，有所发现，有所发明，有所创造，有所前进。

我们伟大领袖毛主席早在一九五八年六月就指出：
搞一点原子弹、氢弹，我看有十年功夫完全可能。

我国第一颗氢弹爆炸成功

在我国无产阶级文化大革命取得决定性胜利的凯歌声中，我们向全国人民和全世界人民庄严宣布：毛主席的英明预言和伟大号召已经实现了。我们欢呼毛泽东思想的又一伟大胜利，欢呼无产阶级文化大革命的又一辉煌成果。

中共中央、国务院、中央军委、中央文革小组，向从事核武器研制和试验的解放军指战员、工人、工程技术人员、科学工作者和一切有关人员，致以最热烈的祝贺，赞扬他们在党中央、毛主席和他的亲密战友林彪同志的正确领导下，高举毛泽东思想伟大红旗，突出无产阶级政治，活学活用毛主席著作，坚决捍卫以毛主席为代表的无产阶级革命路线，坚决反对党内最大的一小撮走资本主义道路当权派的修正主义路线，抓革命，促生产，群策群力，大力协同，闯出一条自己的道路，保证了氢弹试验的圆满成功。

中国有了原子弹，有了导弹，现在又有了氢弹，这就大长世界各国革命人民的志气，大灭帝修反的威风，进一步打破了美帝苏修的核垄断地位，沉重地打击了它们的核讹诈政策。这对英雄的越南人民，阿拉伯人民和全世界一切革命的人民，都是极大的鼓舞和支持。

新华社六月十七日讯　新闻公报

毛泽东主席早在一九五八年六月就指出，搞一点原子弹、氢弹，我看有十年功夫完全可能。

在我国无产阶级文化大革命取得决定性胜利的凯歌声中，我们向全国人民和全世界人民庄严宣布：毛主席的这一英明预言和伟大号召已经实现了。在两年八个月的时间内进行了五次核试验之后，今天，一九六七年六月十七日，中国的第一颗氢弹在中国的西部地区上空爆炸成功了。

这次氢弹试验的成功，是中国核武器发展的又一个飞跃，标志着我国核武器的发展进入了一个崭新的阶段。中国人民为此而自豪。全世界革命人民也将为此而感到骄傲。我们怀着喜悦和激动的心情，欢呼毛泽东思想的又一伟大胜利，欢呼无产阶级文化大革命的又一辉煌成果。

中国共产党中央委员会、国务院、中央军事委员会、中央文化革命小组，向从事核武器研制和试验的中国人民解放军全体指战员、工人、工程技术人员、科学工作者和一切有关人员，致以最热烈的祝贺。他们在党中央、毛主席和他的亲密战友林彪同志的正确领导下，高举毛泽东思想伟大红旗，突出无产阶级政治，活学活用毛主席著作，坚决捍卫以毛主席为代表的无产阶级革命路线，坚决反对党内最大的一小撮走资本主义道路当权派的修正主义路线，抓革命，促生产，群策群力，大力协同，以"只争朝夕"的革命精神，克服了各种困难，闯出一条自己的道路，保证了这次氢弹试验的圆满成功。

毛主席说："在生产斗争和科学实验范围内，人类总是不断发展的，自然界也总是不断发展的，永远不会停止在一个水平上。因此，人类总得不断地总结经验，有所发现，有所发明，有所创造，有所前进。"希望中国人民解放军、广大的革命职工和科学技术人员，遵循毛主席的这一教导，响应林彪同志关于"加强革命性、科学性、组织纪律性"的号召，戒骄戒躁，再接再厉，为加速发展我国国防科学技术和实现我国国防现代化，建立新的更加伟大的功勋。

中国有了原子弹，有了导弹，现在又有了氢弹，这就大长世界各国革命人民的志气，大灭帝国主义、现代修正主义和各国反动派的威风。中国氢弹试验的成功，进一步打破了美帝国主义和苏联修正主义的核垄断地位，沉重地打击了它们的核讹诈政策。中国氢弹试验的成功，对于正在英勇地进行抗美救国战争的越南人民，对于正在反抗美英帝国主义及其工具以色列侵略的阿拉伯人民，对于全世界一切革命的人民，都是极大的鼓舞和支持。

人是战争胜负的决定因素。中国进行必要而有限制的核试验，发展核武器，完全是为了防御，其最终目的就是为了消灭核武器。我们再一次郑重宣布，在任何时候、任何情况下，中国都不会首先使用核武器。我们说的话，从来是算数的。中国人民和中国政府，将一如既往地继续同全世界一切爱好和平的人民和国家一道，共同努力，坚持斗争，为全面禁止和彻底销毁核武器的崇高目标而奋斗。

新闻报道

1967年6月17日，《人民日报》报道我国第一颗氢弹爆炸成功的消息。

试验氢弹在空投中

我国第一颗氢弹爆炸成功

1967 年 6 月 17 日，我国第一颗原子弹成功爆炸后两年零八个月，我国第一颗氢弹爆炸成功。它向全世界宣告：中国人任人欺凌的时代结束了！

我国第一艘核潜艇

1971 年 11 月，我国第一艘核潜艇首航，1974 年 8 月服役。我国成为世界上第五个拥有核潜艇的国家。

我国第一艘核潜艇准备下水

核潜艇水下发射归来

证书

我国原子弹、氢弹研制项目获得“国家科技进步奖特等奖”。

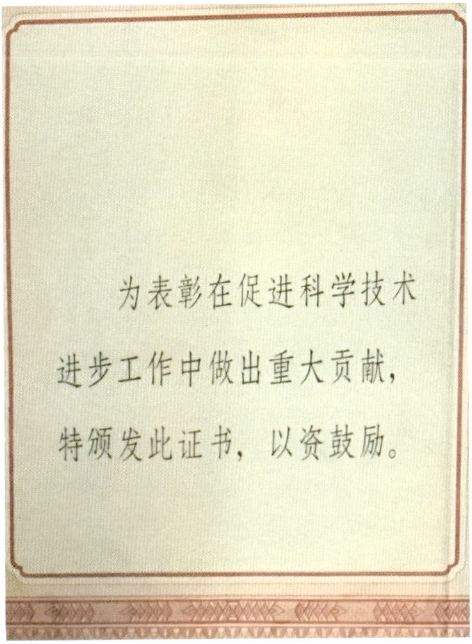

为表彰在促进科学技术进步工作中做出重大贡献，特颁发此证书，以资鼓励。

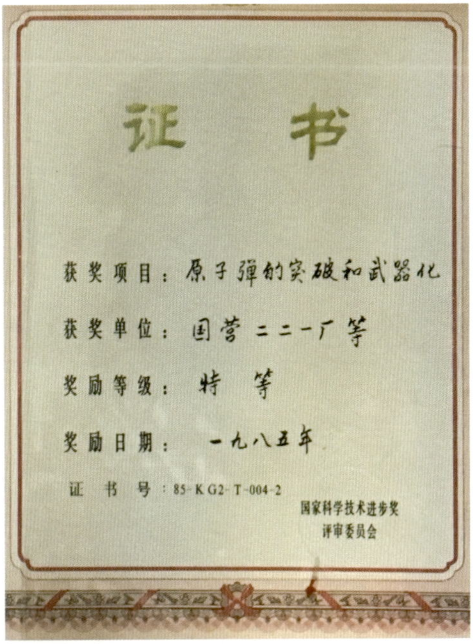

证　书

获奖项目：原子弹的突破和武器化

获奖单位：国营二二一厂等

奖励等级：特　等

奖励日期：一九八五年

证书号：85-KG2-T-004-2

国家科学技术进步奖
评审委员会

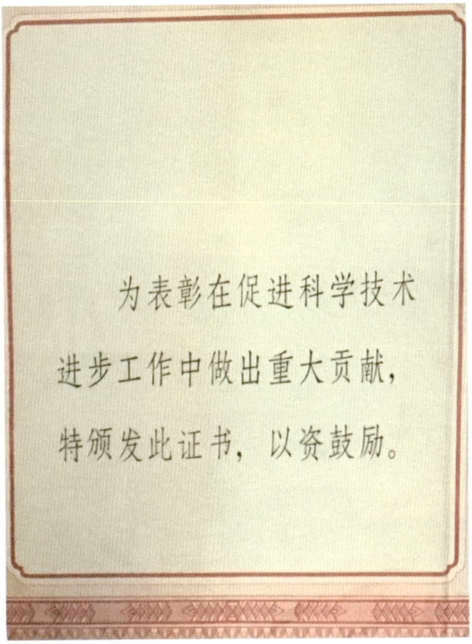

为表彰在促进科学技术进步工作中做出重大贡献，特颁发此证书，以资鼓励。

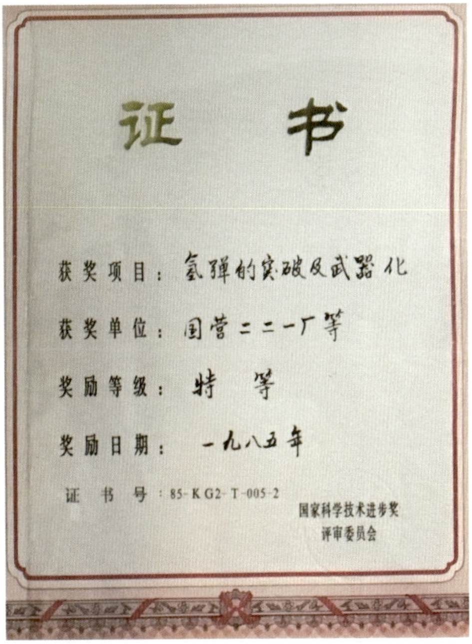

证　书

获奖项目：氢弹的突破及武器化

获奖单位：国营二二一厂等

奖励等级：特　等

奖励日期：一九八五年

证书号：85-KG2-T-005-2

国家科学技术进步奖
评审委员会

我国第一个核武器研制基地纪念碑

纪念碑
中国第一颗原子弹在这里诞生，中国第一颗氢弹在这里研制成功。一九六四年十月十六日，中国首次核试验爆炸成功，它向全世界宣告：站起来的中华民族终于有了自己的原子弹。为打破核垄断，维护世界和平做出了历史性的重大贡献。
一九五八年，在以毛泽东主席和周恩来总理为首的老一辈无产阶级革命家的决策和领导下，独立自主、自力更生，创建我国第一个核武器研制、试验和生产基地——二二一厂。三十多年来，广大科技工作者、工人、干部、牧工、家属和人民解放军、警卫部队指战员，在党中央、国务院、中央军委、中央专委的统帅和指挥下，在全国和青海各族人民的大力协同下，在这块一千一百七十平方公里的神秘禁区内，艰苦创业，无私奉献，团结拼搏，勇攀高峰，攻克了原子弹、氢弹的尖端科学技术难关，成功地进行了十六次核试验，实现了武器化过程，生产出多种型号战略核武器装备部队，壮了国威、军威。这一壮丽事业是几代人连续奋斗的结晶，多少人为之贡献了青春年华，有的献出了宝贵生命，党和人民不会忘记，共和国不会忘记。
雄关漫道真如铁，而今迈步从头越。遵照党中央、国务院的战略决策，二二一厂已经完成了它的历史使命，万名职工、和他们的家属，带着核事业的优良传统和草原人的创业精神，告别核基地，奔赴新岗位为我国社会主义建设，谱写更新更美的篇章。
为中国核武器事业建立了历史功勋的人们，功载千秋！
中国核工业总公司二二一厂建立
一九九二年九月一日

碑文

第五章　数风流人物

在我国核工业发展史中，核工业第一批厂矿属于绝密禁地。按照保密工作要求，这些厂矿都是3位数字组成的代号：七一一矿、七一二矿、七一三矿、二七二厂、五〇四厂、二〇二厂、四〇四厂、二二一厂等。创业初期，创业者们在人迹罕至，当时在地图上根本找不到具体位置的荒漠戈壁、深山野岭，他们筚路蓝缕，以苦为乐，干着一个“上不告知父母，下不告知妻儿”的伟大事业。他们背井离乡、隐姓埋名、以身许国，创造和见证了我国核工业体系建立和逐渐壮大的辉煌历史。他们的名字和功勋将作为中国核事业奠基者，永远镌刻在中华人民共和国的史册上。

“两弹一星”功勋奖章获得者（按姓氏笔画排序）

在我国原子弹、氢弹研制过程中，涌现了一批批优秀的人物。其中，尤为瞩目的当属于敏、王淦昌、邓稼先、朱光亚、吴自良、陈能宽、周光召、钱三强、郭永怀、程开甲、彭桓武。1999 年 9 月 18 日，在中华人民共和国成立五十周年之际，党中央、国务院、中央军委隆重表彰为我国“两弹一星”事业作出突出贡献的 23 位科技专家，其中就包括以上 11 位，并授予他们“两弹一星功勋奖章”。

于　敏 (1926—)

中国共产党党员，核物理学家，中国科学院院士，“两弹一星”功勋奖章获得者，我国原子核理论的开拓者和奠基者，我国核武器研制的主要奠基人之一。1960 年开始从事核武器理论研究，在氢弹原理突破中解决了热核武器物理中一系列基础问题，提出了从原理到构形基本完整的设想，起到了关键作用。长期领导并参加各种类型核武器的理论研究、设计及若干高科学技术项目的理论研究，解决了大量关键性的理论问题。曾获国家自然科学奖一等奖、国家科技进步奖特等奖、国家最高科学技术奖等。

王淦昌(1907—1998)

中国共产党党员，核物理学家，中国科学院、工程院院士，“两弹一星”功勋奖章获得者，我国核科学的开拓者和奠基者之一，我国核武器研制的主要奠基人之一。在我国原子弹、氢弹的研制工作中，隐姓埋名、以身许国，指导并参加爆轰试验、炸药工艺、近区核爆炸探测、地下核试验等方面的科研工作，解决了一系列重大技术问题。曾获国家自然科学一等奖、国家科技进步奖特等奖等。

邓稼先（1924—1986）

中国共产党党员，核物理学家，中国科学院院士，“两弹一星”功勋奖章获得者，我国核武器研制的主要奠基人之一。在原子弹、氢弹研制中，始终奋斗在第一线，成功地设计了原子弹和氢弹，把中国国防自卫武器引领到了世界先进水平。曾获国家自然科学奖一等奖、国家科技进步奖特等奖等。

朱光亚（1927—2011）

中国共产党党员，核物理学家，中国科学院、工程院院士，“两弹一星”功勋奖章获得者，我国核武器研制和国防科学技术工作的主要组织领导人之一，我国核科学事业的主要开拓者之一，被誉为“中国工程科学界支柱性的科学家”。1949 年获美国密执安大学物理学博士学位。在我国国防尖端技术事业的发展中作出了重要贡献。曾获得国家科技进步奖特等奖等。

吴自良（1917—2008）

材料科学家、物理冶金专家，中国科学院院士，“两弹一星”功勋奖章获得者，我国核武器研制的主要奠基人之一。60年代，他毅然挑起了负责研制“甲种分离膜”的重任，历时3年多，完成了铀同位素分离用“甲种分离膜”的研制任务，打破了国外技术垄断，使我国成为第四个掌握此项技术的国家，为我国步入核大国的行列作出了重要贡献。曾获国家发明一等奖和国家科技进步奖特等奖等。

陈能宽（1923—2016）

中国共产党党员，金属物理学家，中国科学院院士，“两弹一星”功勋奖章获得者，我国核武器研制的主要奠基人之一。在原子弹、氢弹的研制工作中，领导和组织爆轰物理、炸药与装药物理化学、特殊材料冶金、实验核物理等学科领域的研究工作，作出了重要贡献。曾获得国家自然科学奖一等奖、国家科技进步奖特等奖等。

周光召（1926—）

中国共产党党员，理论物理学家，中国科学院院士，“两弹一星”功勋奖章获得者，我国核武器研制的主要奠基人之一，世界公认的赝矢量流部分守恒定理的奠基人之一。参加领导了爆炸物理、辐射流力学、高温高压物理、计算力学等研究工作，在中国第一颗原子弹和氢弹的理论设计中作出重要贡献。曾获得国家自然科学奖一等奖、国家科技进步奖特等奖等。

钱三强（1913—1992）

中国共产党党员，核物理学家，中国科学院院士，“两弹一星”功勋奖章获得者，我国核武器研制的主要奠基人之一。在“核裂变”方面成绩突出，发现了重原子核三分裂、四分裂现象，并对三分裂机制作了合理解释，深化了对裂变反应的认识。在中国原子能科学事业的创立和“两弹”研究、培养科学技术人才、开展国际学术交流、组织和协调重大科研项目等方面，作出了重要贡献。

郭永怀 (1909—1968)

中国共产党党员，力学家、应用数学家、空气动力学家，中国科学院院士，“两弹一星”功勋奖章获得者，我国近代力学奠基人之一，我国核武器研制的主要奠基人之一。在中国原子弹、氢弹的研制工作中领导和组织爆轰力学、高压物态方程、空气动力学、飞行力学、结构力学和武器环境实验科学等研究工作，解决了一系列重大问题。1968 年 12 月 25 日，被追认为“烈士”，是两弹功勋奖章获得者中唯一获得“烈士”称号的科学家。曾获得国家科技进步奖特等奖等。

程开甲 (1918—)

中国共产党党员，理论物理学家，中国科学院院士，“两弹一星”功勋奖章获得者，原子弹研制的开拓者之一，我国核武器研制的主要奠基人之一。在国内第一个计算出原子弹爆炸的弹心温度和压力，其内爆机理研究解决了原子弹的关键问题，为原子弹爆炸威力、弹体结构设计提供了重要依据。长期从事核试验及核科学技术研究、开发和利用工作，并作出了重要贡献。曾获国家科技进步奖特等奖、国家最高科学技术奖等。

彭桓武（1915—2007）

物理学家，中国科学院院士，“两弹一星”功勋奖章获得者，我国核武器研制的主要奠基人之一。领导并参与原子弹、氢弹的原理突破和战略核武器的理论研究、设计工作，在中子物理、辐射流体力学、凝聚态物理、爆轰物理等多种学科领域取得了对实践有重要指导意义的一系列理论成果，并为我国核事业培养了一批优秀人才。曾获国家自然科学奖一等奖、国家科技进步奖特等奖等。

王承书

中国科学院院士，气体动力学和铀同位素分离专家，为我国铀同位素分离的理论研究奠定了基础，并培育了一支理论研究队伍。为我国第一颗原子弹爆炸成功和铀浓缩技术的发展作出了重要贡献。

张沛霖

中国科学院院士，我国核燃料事业的主要奠基者之一，为我国原子弹、氢弹研制，核电事业核材料方面的研究作出了重要贡献。

曹本熹

中国科学院院士，化学工程专家、核化工专家、教育家，我国核燃料事业开拓者。曹本熹一生主要从事化工教育、核化工的研究和领导工作。筹建了我国第一所石油学院和清华大学化工系。参与和领导了核工业部的化工生产——铀化工转化过程、热核材料生产、核燃料后处理和放射性废物处理，以及铀、钚、锂、氘、氚的研制与生产，为发展中国的核武器作出重要贡献。

姜圣阶

中国科学院院士，化工与核工程专家。组织建设了我国第一座大型生产反应堆、第一座核燃料后处理厂、第一座六氟化铀生产厂，为我国“两弹”研制与生产作出了重要贡献。组织完成的科研成果曾荣获“国家科技进步奖特等奖”和“国家发明奖二等奖”。曾荣获法国总统颁发的荣誉军团骑士勋章。是和平开发核能、发展核电事业的积极倡导者和实践者。

郭士民

1938 年 2 月参加革命工作，1940 年 1 月加入中国共产党。1958 年 5 月调二机部工作，先后任二机部中南矿冶公司党组书记、经理，二机部十二局副局长；核工业部矿冶局副局长。最早参与组织了铀矿冶“三矿一厂”的筹备工作、全部工程的建设规划、设计方案审批和工程建设、生产准备工作，为我国铀矿冶发展作出了重要贡献。

刘 坤

1937 年 9 月参加革命。1960 年 11 月由上海市区委书记调二七二厂任厂长。在二七二厂建设处于关键时期，组织厂各级领导、技术人员和工人开展技术攻关活动，加快了建设进度；在试生产中，慎重决策水冶系统吸附塔物料受阻等重大问题，为提前获得合格的重铀酸铵赢得了时间。尊重知识、钻研业务，坚持技术民主，为二七二厂的建设和发展作出了突出贡献。1974 年调任二机部十二局任局长。

闵耀中

从莫斯科有色和黄金学院毕业后回国，到七一三矿参加了我国第一个水冶车间的试车试生产工作。曾先后任核工业部江西矿冶局局长、核工业部矿冶局局长、中核总党组纪检组组长、中核总总经理助理、中核集团顾问等职务，曾当选为中共十四届、十五届中央纪委委员。

李远洲

铀水冶专家，1961年调入七一三矿任总工程师，带领技术人员攻克了水冶车间试车试生产中的一个又一个难关，使我国第一座铀水冶厂在短短一年多的时间顺利通过试车、试生产。后调任七二一矿总工程师、江西矿冶局总工程师。

张同星

全国劳模，国防科技工作者的优秀代表，参加我国第一颗原子弹核部件的研制，为我国核武器研制作出了突出贡献。聂荣臻亲笔题词“向知识分子的优秀代表张同星同志学习”，张爱萍亲笔题词“向长期在艰苦条件下，为国防现代化建设坚持战斗的张同星同志致敬”。

创建初期职工风采掠影

我国第一块铀锭部分研制人员
出席全国群英会

支援二机部四周年之际，分配到二七二厂的技术人员合影

20 世纪 60 年代初，七一三矿第二届一次共青团会议代表合影

1963 年，七一三矿先进科室全体同志合影

七一一矿机关女民兵

四〇四厂职工在第一顶帐篷前合影

共青团七一一矿 1962 年度五好青年留念

221 基地文艺演出

职工合影

第六章　无往不成今

60 年波澜壮阔，60 年风雨辉煌。斗转星移，岁月如梭，走过 60 年风风雨雨的核工业第一批厂矿，早已今非昔比，昔日简陋落后的老军工厂，而今已经成为了现代化的工厂。有的企业因市场化需要也改变了名称。当然，七一一矿、七一二矿、七一三矿三个老矿山已完成历史使命，退役关闭；二二一厂因国家战略方针调整撤厂销号。20 世纪 90 年代初，中央决定九院为计划单列单位，划归国防科工委管理，更名为中国工程物理研究院。

一个甲子的时光，孕育了几代核工业人，改变了一方地域的环境面貌。60 年间，沧桑巨变，有高楼平地起、也有厂房旧貌换新颜……但记忆深处的那棵老树、那个大礼堂、那座老厂房、那尊毛主席塑像，似乎在诉说着几代核工业人“不忘强国初心，牢记兴核使命”的重任。

中国核工业第一功勋铀矿

七一一矿建矿最早，当时出产铀矿石最多，被称为“中国核工业第一功勋铀矿”。

矿区场景

现存的七一一矿原科技图书室与俱乐部。

矿区场景

退役治理后的七一一矿6号、15号废石场。

废石场挡墙（七一二矿）

子弟学校（七一二矿）

现在的居住环境（七一二矿）

1985 年，七一二矿因资源枯竭停产，2003 年按国家政策实施关闭，2010 年起职工陆续搬迁到衡阳市安置。

办公大楼（七一二矿）

过去的居住环境（七一二矿）

电视差转台（七一三矿）

尾矿坝覆盖工程开工典礼

七一三矿因资源枯竭停产后，1998 年开始进行核设施退役治理工程。

尾矿坝

国营二七二厂工会委员会
中国共产党二七二厂委员会

兴核强国

办公楼今昔对比（二七二厂）

地貌全景今昔对比（五〇四厂）

职工生活区（五〇四厂）

生活区文化广场全景（五〇四厂）

横跨黄河的大桥（通往五〇四厂厂区）

厂区今昔对比（二〇二厂）

生活区今昔对比（二〇二厂）

办公大楼（四O四厂）

上下班交通工具（四O四厂）

现在的食堂（四〇四厂）

英雄广场（四〇四厂）

高原新城

原 221 基地，现为海北州州政府所在地。经过 20 多年的发展，现已成为一座独具特色的高原新城。

青海原子城国家级爱国主义

爱国主义教育示范基地

位于原 221 基地的原子城纪念馆是国家级爱国主义教育示范基地，2009 年正式对外开放。

毛主席塑像（四〇四厂）

毛主席塑像（二〇二厂）

中华人民共

第七章 传承在今朝

改革开放以来，核工业第一批厂矿坚决贯彻党中央对国防科技工业实施战略调整的方针，把工作重点转移到为国民经济和人民生活服务上来，审时度势，积极发展核电、核燃料和核应用技术三大支柱产业。从“强军”到“保军转民”，再到逐步形成军民融合的产业格局，核工业第一批厂矿一直走在“核铸强国梦”的路上。

这些以崭新姿态继续发展的核工业第一批厂矿，分布在中核集团地矿系统和核燃料系统。这些有着60年发展历史的老企业充分发挥自身在技术、人才等方面的优势，激发各类要素与活力，把握当前核工业发展的重大历史机遇，勇于探索、勇于创新，成为核工业新时代发展的生力军。

热爱祖国，无私奉献，自力更生，艰苦奋斗，大力协同，勇
高举邓小平理论伟大旗帜，把建设有中国特色社会主义事业全面推

“两弹一星”表彰大会

1999 年 9 月 18 日，中共中央、国务院、中央军委在北京人民大会堂举行表彰为研制“两弹一星”作出突出贡献的科技专家大会。

“四个一切”核工业精神

2007 年 9 月，中核集团“传承核工业精神，再创新的辉煌”先进事迹报告会在人民大会堂举行。

融入一切，进取成就一切

核工业北京化工冶金研究院

经过 60 年的发展，现已经成为一个包括采矿、选矿、铀湿法冶金技术研究、铀水冶设备研究、精细化工产品研究及生产、有机材料合成研究、分析测试技术与仪器研究、辐射防护与环境治理研究以及信息情报等在内的多学科、多专业的综合性研究机构，是我国唯一从事天然铀化学化工研究的研究院。

化冶院

中核二七二铀业有限责任公司

我国重要的铀核生产和铀氧化物储备基地，中核集团规划的南北两个铀纯化转化生产基地之一，正在积极推进湖南白沙绿岛军民融合产业园的建设。

中核兰州铀浓缩有限公司

我国重要的核燃料生产基地，拥有国际先进的主辅工艺系统，在保证核燃料主业稳定生产的同时，发展非核民品产业，形成了“以核为主，多种经营”的新格局。

队伍创一流业绩

中核北方核燃料元件有限公司

我国当前两大核燃料元件生产科研基地之一，研制和生产了我国大部分研究实验堆、生产堆和动力堆的各类核燃料元件。先后建成了我国首条 CANDU-6 型重水堆核燃料元件生产线和 CANDU-6 型核电站钴调节棒生产线，建成了 AFA3G 压水堆核燃料元件生产线，建成了我国首条 AP1000 核燃料元件生产线、世界首条高温气冷堆球形核燃料元件生产线。

中核四〇四有限公司

目前我国规模最大、体系最完整的核工业综合性科研生产基地，承担着核军工、铀纯化转化、核环保、后处理等重要生产科研任务。面向新时代，公司将坚持以“强军兴核、服务社会”为核心价值理念，履行强军首责，勇担国家重任，为打造保障中核集团发展的重要核军工科研生产战略基地，建设核工业强国作出新的贡献。

中核
CNNC
中核四〇四有限公司升旗仪式

随着国家核事业的不断发展与壮大，以核工业第一批厂矿为主，派生出许多新的单位，使我国的核事业更加强大，产业链更加完整，兴核强军梦、兴核强国梦正在逐步实现。

核工业北京地质研究院

以铀矿地质为主的多学科综合性研究机构，为我国原子能事业的发展作出了重大贡献。目前，已成为一所集铀矿地质、遥感技术和应用、高放废物地质处置和分析测试为主要研究领域的多学科综合性科研单位，是全国核地质科学研究中心。

厂 创

中核陕西铀浓缩有限公司

我国第一座采用离心法生产浓缩铀的现代化企业，主营铀及铀浓缩系列产品，同时具有丰富的离心工厂建设、运行、管理经验，拥有建筑工程项目施工、设备安装及有关设备制造资质和能力，为我国铀浓缩事业的发展作出了重要贡献。

30
中核建中

中核建中核燃料元件有限公司

目前亚洲最大的核燃料元件制造基地，为我国国防现代化建设和国家核电事业发展作出了重要贡献，被誉为中国的“核电粮仓”。已掌握中国自主品牌“华龙一号”CF等核燃料元件制造技术，具备300 MW、600 MW、1000 MW、实验堆、低温核供热堆、小堆等各种类型的燃料组件及初级、次级中子源、控制棒、可燃毒物棒、阻流塞等相关组件的全堆芯核燃料元件供应能力。

四川红华实业有限公司

中核集团所属的大型骨干企业，是四川省军民融合产业基地之一。

住院部

IPCE

核工业理化工程研究院（规划效果图）

我国唯一的铀同位素分离技术研究基地。近年来，核理化院先后在多种同位素分离技术的研究和设备研制中取得了令人瞩目的成就，达到了国际先进水平，为我国核工业的发展作出了突出的贡献。

中核新能核工业工程有限责任公司

我国唯一一家具备以铀浓缩、铀转化设计为主体以及设计、采购、施工、安装调试等全过程管理能力的项目总承包工程公司。

核七院
CNNC

中核（天津）机械有限公司

主要从事核燃料专用设备的加工、制造及总装工作。是国内唯一的核燃料专用设备专业化制造基地。其产品填补了国内空白，性能达到了国外同类型产品的先进水平。

械
CNMC

核工业第八研究所

主要从事粉末冶金、高分子膜过滤材料、电子材料、复合材料及磁性材料的应用研究和技术开发。

ERINI
核工业第八研究所

中核甘肃核技术产业园（规划效果图）

承担着我国第一个核燃料循环产业示范项目，是我国发展先进核能循环产业的重要力量。

新一代核工业人（按姓氏笔画排序）

王　健

中核四O四有限公司，研究员级高级工程师，“全国五一劳动奖章”获得者，入选国家百千万人才工程，享受国务院政府特殊津贴。带领团队攻克了我国在后处理科研领域的多项技术难关，实现了在核电乏燃料后处理科研领域的多项技术突破，为我国后处理事业的建设作出了突出贡献。

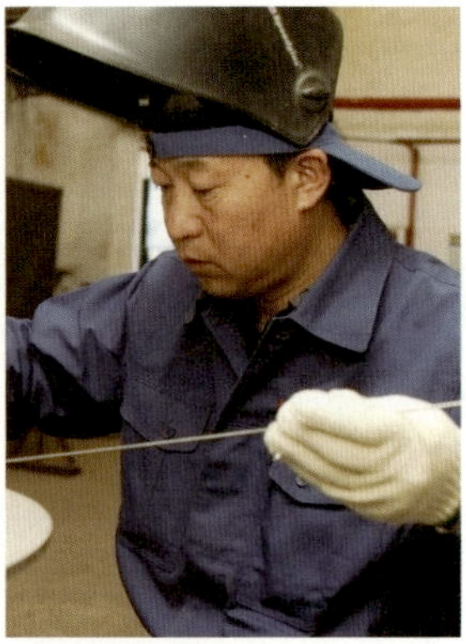

王多明

中核四O四有限公司，党的十九大代表，中核集团首席技师，我国万吨级铀纯化转化生产线上成长起来的优秀技能人才。先后荣获“全国技术能手”“全国劳动模范”“中华技能大奖”3项国家级奖项。以他命名的“王多明国家级技能大师工作室”完成多项科研技改项目，申请4项国家专利，培养了一大批优秀技能人才。

王国君

王国君，中核陕西铀浓缩有限公司，高级工程师，长期从事机电检修工作。1995、1996连续两年在405-1A重点工程专项劳动竞赛中荣立一等功；1997年被陕西省政府授予“陕西省劳动模范”荣誉称号；1998年被中华全国总工会授予“全国五一劳动奖章”。

王鸿山

中核兰州铀浓缩有限公司，甘肃省劳动模范。从普通工人成长为高压变电运行的“大工匠”，担任基层支部书记，为党建标准化工作做了大量理论探索和创新实践。针对供电系统运行方式、操作等方面进行了大量的分析和研究，并编写操作规程和设备事故预想、预案1200余份。两项QC成果获国家级优秀。

王黎明

核工业理化工程研究院，中核集团铀浓缩领域首席专家，清华大学工程物理系及核工业研究生院兼职教授，中央企业劳动模范、第十三届全国政协委员。持续推动军民融合和高新技术产业发展，为核燃料事业发展作出了突出贡献。获得了30余项国家和省部级科学技术奖，享受国务院政府特殊津贴。

车　军

中核新能核工业工程有限责任公，研究员级高级工程师。曾获全国优秀工程咨询成果奖等奖项，山西省五一劳动奖章获得者，享受国务院政府特殊津贴。

牛小平

中核北方核燃料元件有限公司，研究员级高级工程师，全程参与组织了全球首条工业规模高温气冷堆核燃料元件生产线建线的前期与后期运行工作，是我国第四代核电燃料元件研制技术实现工业化转化、领跑世界的见证者之一。

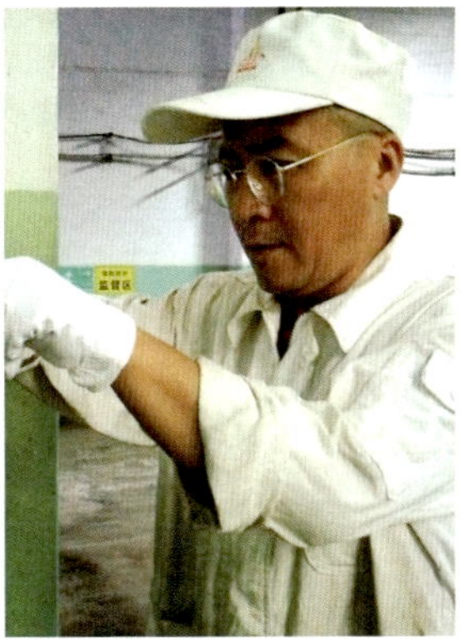

关京波

四川红华实业有限公司，主工艺生产线上的一名“老兵”，他所带领的主工艺团队，曾获中华全国总工会授予的“工人先锋号”荣誉称号。

江国平

核工业北京化工冶金研究院，高级工程师，长期从事地浸采铀科研与设计。曾获国防科技进步二等奖等奖项、中国地质学会2014年度“十大地质科技进展”奖，申请或授权专利9件。2014年，被中核集团地矿事业部列为首批“青年地矿英才培养计划”人才。

安立峰

四川红华实业有限公司，长期从事计划经营管理工作，为推动公司改革发展和调整布局作出了重要贡献，曾获国防科工局科研生产能力结构调整先进个人、能力建设先进个人等荣誉称号。

苏学斌

中国铀业有限公司，研究员高级工程师，中核集团铀矿冶领域首席专家。先后负责了伊犁、吐哈、鄂尔多斯和松辽等盆地多个铀矿床的开发研究工作，参与建成了我国第一座、第二座酸法地浸和第一座中性地浸矿山，多项技术发明填补了我国铀矿采冶领域空白，在铀矿建设中得到广泛应用。

李连广

中核（天津）机械有限公司，参与组织了专用设备工业化应用阶段结构优化设计，专用设备大规模生产线的工艺方案设计等，享受国务院政府特殊津贴，曾获中核集团劳动模范等荣誉。

杨通高

中核建中核燃料元件有限公司，高级工程师。长期从事核燃料元件制造工艺研究和管理工作，陆续攻克了 CF2 辐照考验组件、CF3 模拟组件、CF3 先导组件、CF3 改进型模拟组件等组件的组装制造难题。为我国核燃料组件的自主化以及“华龙一号”的走出去作出了贡献。

吴秀花

中核新能核工业工程有限责任公司，研究员级高级工程师，享受国务院政府特殊津贴，中核集团分领域科技带头人。曾获省部级科技奖、首届中国勘察设计协会最美女设计师等荣誉。她带领团队取得的科研设计成果“中国先进大型铀纯化转化生产线建成投产”入选“2015—2017 年度中国十大核科技进展”。

沈 伟

核工业第八研究所，高级工程师，长期从事复合材料缠绕机的研制及应用研究，钻研开发各种型号专用缠绕机，为实现专用设备工业化缠绕生产作出了贡献。

张 翀

核工业北京化工冶金研究院，在读博士生。一直从事“地浸采铀”技术科研和工程实践，参与了多项重点工程项目的实施，在实践中得到了快速成长。现已申请专利十余项。

张 辉

核工业北京化工冶金研究院，高级工程师。主要从事辐射防护，退役治理，放射性污染治理技术研究等方面工作。2016 年列入中国铀业公司“地矿英才培养计划”，负责承担环保部、科技部、中国铀业有限公司等科研项目十余项。

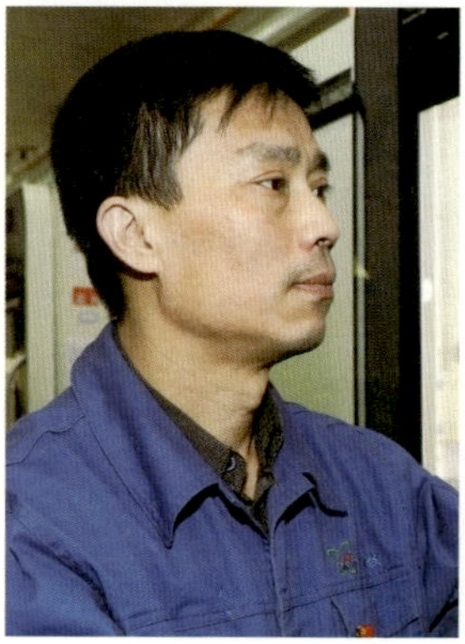

张世军

核工业理化工程研究院，中核集团首席技师，享受国务院政府特殊津贴。长期从事多种机型专用设备关键部件生产工艺的研究和试制工作，解决了多种加工技术难题，保证了各项指标的要求。曾获全国技术能手、天津市“十五”立功先进个人、天津市国防工匠等荣誉。

张换彬

中核四O四有限公司，“全国技术能手”“中华技能大奖”获得者，享受国务院政府特殊津贴，国家职业技能鉴定钳工高级考评员。被誉为“工人院士”和钳工行业的中流砥柱。以他命名的“张换彬国家级技能大师工作室”培养出一大批技术骨干，已成为技术人员成才示范、研发培训的重要基地。

张晓卫

核工业理化工程研究院，高级工程师，长期从事分离新技术研究，为分离新技术的发展作出了突出贡献。先后获“九五”国家重点科技攻关计划先进个人、新世纪百千万人才工程国家级人选、天津市“五一”劳动奖章、第五届天津市敬业奉献道德模范等荣誉，获军队科技进步一等奖、部级科学技术进步一等奖等多项奖励，享受国务院政府特殊津贴。

陆宏光

核工业第八研究所，高级工程师，长期从事复合材料专用设备缠绕成型工艺的研究，为国产第一代专用设备的设计定型和规模化生产作出了重要贡献，曾获中核集团“华赢工程暨主要设备国产化先进个人”等荣誉。

武中地

中核新能核工业工程有限责任公司，研究员级高级工程师，山西省委联系的高级专家，“百千万人才工程”国家级人选，中核集团首席专家，首届核工业工程设计大师，享受国务院政府特殊津贴。曾获国家级有突出贡献的中青年专家称号等，在核燃料关键环节的国产化及产业发展方面作出了突出贡献。

易小波

中核建中核燃料元件有限公司，焊接高级技师，中核集团核燃料元件生产首席技师。他发挥“在岗在状态，在岗有担当”的工作作风，以一流的工作技能，一流的工作业绩展示着中核人的良好形象。

金晓东

中核陕西铀浓缩有限公司，中核集团首席技师，铀离心分离级联操作工高级技师。在核燃料生产系统的维护运行、技改方面作出了突出贡献。曾获陕西省首席技师、全国技术能手称号。

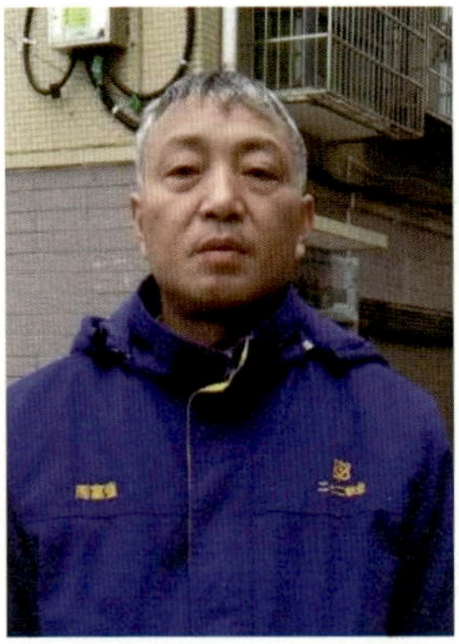

周富强

中核二七二铀业有限责任公司，天然铀氧化物生产高级工程师，先后被评为衡阳市、湖南省两级劳动模范，他对二七二铀纯化新线煅烧炉提升20%产能发挥了不可替代的作用。

郝学元

中核兰州铀浓缩有限公司，从事核工业物理分析工作。获得省部级科技成果12项，通过部级鉴定并获得发明专利一项；先后获得甘肃省“333”科技人才工程第二层次人才、中核集团“111人才工程”人才、国防科工委“511人才工程”人才和“十五”科研技改突出贡献者等荣誉，获“甘肃省五一劳动奖章”称号、“甘肃省国防工匠”。

胡锦明

中核二七二铀业有限责任公司，研究员级高级工程师，湖南省第十二届、十三届人大代表，享受国务院政府特殊津贴。

徐屹群

新疆中核天山铀业有限公司，研究员级高级工程师。长期从事地浸采铀试验研究工作，熟悉地浸采铀工艺、地下水修复等专业技术，先后参与《七三七厂酸法退役采区地下水污染调查》《512矿床Ⅰ Ⅱ旋回矿体开发技术研究》等多项重大科研课题，为地浸采铀事业发展贡献了力量。

徐哲军

核工业第八研究所，长期从事核工业专用设备用高性能复合材料研究工作，为我国专用设备研制成功作出了突出贡献。

郭　强

中核（天津）机械有限公司，坚决贯彻执行上级党组织的方针政策，为公司发展作出了贡献，曾获天津市“五一”劳动奖章先进个人，天津市第十次、十一次党代会代表。

曹子昆

中核建中核燃料元件有限公司，精密仪器仪表高级技师，核工业“四个一切”精神中“严细融入一切”的典型代表全国技术能手，以他名字命名的“曹子昆技能大师工作室”被认定为四川省技能大师工作室。

龚道坤

中核二七二铀业有限责任公司，高级工程师，2017年度“中核集团地矿事业部青年地矿英才”，他在锆铪分离技术的研发和工业化应用等方面发挥了重要作用，著有多篇论文并取得了专利。

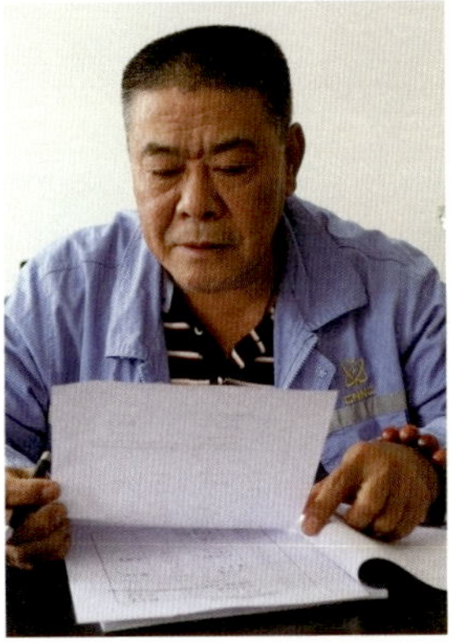

梁 禄

四川红华实业有限公司，长期从事主机检修工作，业绩突出、技能出众，多次获公司优秀共产党员等荣誉称号。

梁光扶

中核陕西铀浓缩有限公司，研究员级高级工程师。先后参加了中核陕西铀浓缩有限公司多个重点工程的项目建设和调试运行，对某工程实施“十一五”安全技术改造，为我国铀浓缩生产技术和生产能力的跨越发展作出了突出贡献。

韩志华

中核北方核燃料元件有限公司，曾先后参加多项燃料元件研制开发、特种金属材料研究开发以及应用等方面的科研研究工作，同时还积极参与承担多项军工产品的生产以及新产品的转化工作，为企业的发展作出了贡献。

魏晋辉

中核兰州铀浓缩有限公司，中核集团首个供取料国家技能大师工作室带头人、“2017年陇原工匠”称号获得者，曾荣获“中核集团公司技术能手”，作为重要参与者编写的《核特有职业资格培训鉴定教材——铀浓缩生产供取料工》由中国原子能出版社正式出版，成为铀浓缩行业的通用教材。

上海浦东新区"两弹一星"爱国主义教育基地落成揭牌仪式

二二一厂撤销后，安置在上海的退休老同志，为传承"两弹一星"精神，在当地街道办的支持下，于2002年10月，创建"两弹一星"爱国主义教育基地，展馆的讲解、管理均由二二一厂退休人员负责，至今已接待参观6.3万人次。

爱国主义教育

二二一厂职工张德祥为当地小学生讲述二二一厂历史，讲述核工业精神。

爱国主义教育

社区青少年参观“两弹一星”爱国主义教育基地。

核工业精神

中核新能核工业工程有限责任公司青年优秀员工赴中核龙瑞科技有限公司，再学习再认识“四个一切”核工业精神。

爱国主义教育

地方中小学学生到中核北方核燃料元件有限公司展览馆接受爱国主义教育，学习传承核文化。

新时代核工业人的风采

成功

第八章　续写核辉煌

党的十八大以来，以习近平同志为核心的党中央高度重视核工业的发展，作出了一系列重大决策部署，核工业迎来了新的重要发展时期。习近平总书记对核工业创建60周年作出重要批示："核工业是高科技战略产业，是国家安全重要基石。"中核集团拥有完整的核工业科研生产体系，是国家战略核力量的核心和国家核能发展与核电建设的主力军，肩负着国防建设和国民经济与社会发展的双重历史使命。回望60年，在党中央的正确领导下，无论是核工业第一批厂矿，还是后续建立起来的企业，在中核集团党组的统一领导下，弘扬"四个一切"核工业精神，牢记核工业人的使命，推进军民融合深度发展，不断发挥各自的优势，勇于探索、勇于创新，书写了新的辉煌篇章。

核工业是一个完整的循环经济体系。核燃料循环产业是核科技工业的重要组成部分，是我国战略核力量建设和核电事业发展的重要基础。包括铀矿地质勘察、铀矿采冶、铀转化、铀浓缩、核燃料元件加工制造、乏燃料后处理、废物处置等环节。基于核工业第一批厂矿等单位的建设与发展，中核集团是我国唯一拥有完整核燃料循环产业，能够实现闭式循环的特大型中央企业。

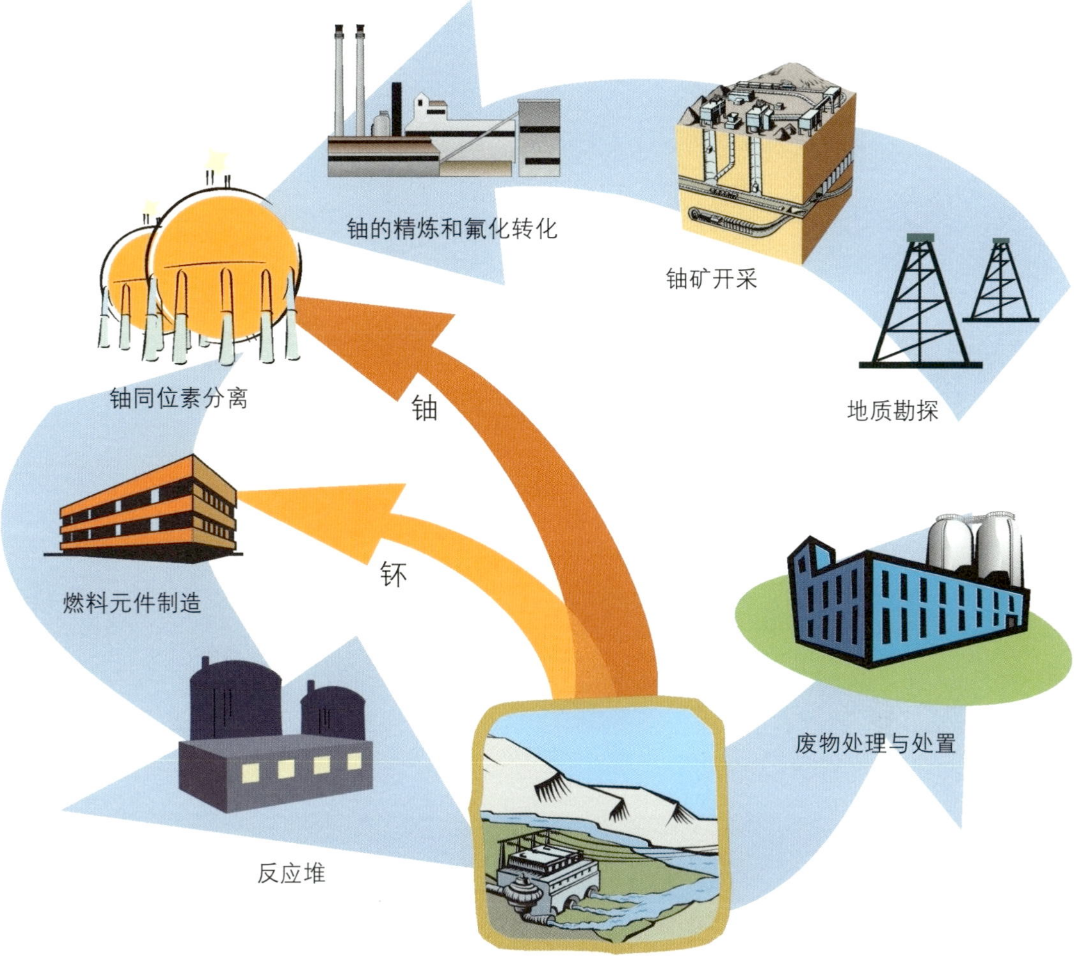

核燃料循环示意图

伊犁铀矿床

位于新疆伊犁的我国第一个万吨级地浸砂岩铀矿床。

青年突击队

在新疆伊犁开展超深大型砂岩铀矿地浸采铀技术研究项目。

地浸试验

二氧化碳和氧气地浸采冶技术是核工业北京化工冶金研究院国内首创的技术，创新了铀矿开采模式，拓展了砂岩型铀资源开采利用范围，盘活了数万吨复杂砂岩型铀资源，让复杂型砂岩铀矿不再是“呆矿”。

通辽铀矿床

以地浸方式开采铀矿，成本低且非常环保。

铀业厂区一角

积极推进铀矿大基地建设，内蒙古两个千吨级铀矿大基地建设取得战略性重大突破。

业
绿
色
发
展

国内最大规模的可地浸砂岩型铀矿床——内蒙古大营铀矿床勘探现场

2012 年 11 月 4 日，核工业铀矿地质队参与的由中央地质勘查基金投资实施的内蒙古中部大营地区铀矿勘探取得重大突破，发现国内最大规模的可地浸砂岩型铀矿床。这对我国立足国内提高铀资源供应，提高核电发展资源保障能力有重大意义。

航测遥感飞机

无人机

用于航空物探测量。

中国铀矿第一深钻

2013 年 7 月 17 日，中核集团在江西相山铀矿大基地宣布，中国铀矿第一科学深钻项目顺利终孔，钻探深度达 2818.88 米，突破了以往 1200 米的找矿深度，填补了我国铀矿深部找矿的空白，缩短了与国外铀矿深部勘查的差距。此项技术的突破，拓展了铀资源的找矿空间，为进一步扩大铀资源量奠定了基础。这是我国铀矿地质界里程碑式的工程，标志着我国铀矿勘查已进入一个全新阶段。

地浸采铀集中控制室（中核通辽铀业有限责任公司）

媒体见面会现场

2013 年 6 月 23 日，我国自主铀浓缩技术在中核兰州铀浓缩有限公司成功实现工业化应用，标志着我国成为继俄罗斯等少数几个国家后，自主掌握铀浓缩技术并成功实现工业化应用的国家。

厂房外景

中核兰州铀浓缩有限公司现代化的主工艺厂房外景。

控制室（中核兰州浓缩铀有限公司）

控制室（中核陕西浓缩铀有限公司）

热烈祝贺我国新一代铀浓缩离心机大型商用示

我国新一代铀浓缩离心机大型商用示范工程全面建成

2018 年 3 月 20 日，我国新一代铀浓缩离心机大型商用示范工程在中核陕西铀浓缩有限公司全面建成。该工程由中核集团研发建造，具有完全自主知识产权。示范工程的建成，标志着我国铀浓缩离心机实现了升级换代，具备大规模商用条件，技术水平、经济性进一步提升，达到国际先进水平。

专用设备考核试验

经过 50 多年的发展，作为我国唯一的铀同位素分离技术、设备研究和重点实验研究基地，核工业理化工程研究院成功研制了具有独立知识产权的专用设备，并实现了工业化生产和工业化应用，解决了长期制约我国核燃料产业发展的瓶颈问题，为我国核事业发展做出了突出贡献。

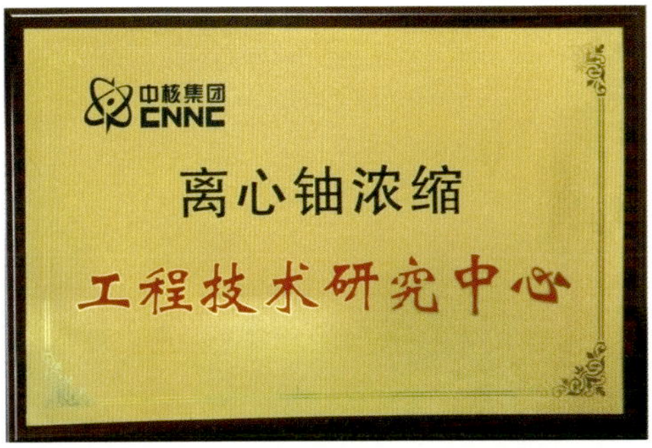

中核新能核工业工程有限责任公司

公司拥有从事核工业（含核电）、化工、环保、电力、建筑、特种设备等工业与民用建筑行业的近 40 个专业。中核集团离心铀浓缩工程技术研究中心和铀纯化转化工程技术研究中心先后落户中核新能，也进一步提升了中核新能的科研技术水平和核心竞争力。

现代化厂房（中核建中核燃料元件有限公司）

现代化厂房（五〇四厂）

3MC 022
PR42A

竣工厂房外景

2013年，核工业第八研究所基础科研能力建设项目建设完成，总投资3000万元，大大提升了核工业第八研究所专用设备用复合材料的科研能力水平，为核能研制更高性能的复合材料提供了硬件保障。

生产线外景

四川红华实业有限公司商用燃料生产线于 2014 年全面建成投运，企业走上了军民融合深度发展的快车道。

锆铪产品出炉

中核二七二铀业有限责任公司自主研发锆铪分离技术，打破国外技术壁垒，2017 年 9 月，自主研发的核级海绵锆产品出炉。

高安全能力

重水堆核燃料元件生产线外景及组装车间

2002 年，中核北方核燃料元件有限公司建成我国首条重水堆核燃料元件生产线，成功实现重水堆核燃料元件的国产化。生产线年产 200 吨铀。截至 2017 年年底，已为我国首座商用重水堆核电站——秦山三期核电站提供核燃料元件 15 万余个，产品质量达到国际水平。

压水堆核燃料组件生产线外景及零部件车间

为满足国家核电发展需要，2010 年，年产 200 吨铀的压水堆核燃料组件生产线在中核北方核燃料元件有限公司建成并投产。

我国首条 AP1000 核燃料组件生产线一角

2017 年 6 月 16 日，年产 400 吨铀的国内首条 AP1000 核燃料组件生产线在中核北方核燃料元件有限公司建成并正式投产。2017 年 12 月 22 日，完成首批国产 AP1000 核燃料组件生产任务，成功实现 AP1000 核燃料组件国产化的国家战略目标。

全球首条工业规模高温气冷堆球形核燃料元件生产线外景及制球车间

2016 年 8 月，全球首条工业规模高温气冷堆球形核燃料元件生产线在中核北方核燃料元件有限公司建成并正式投产，为国家重大科技专项配套工程。截至 2017 年年底已生产出高温气冷堆球形燃料元件 34 万个。

铸国之利器
CJNF

中核建中核燃料元件有限公司外景及生产线

2014 年，中核建中核燃料元件有限公司建成我国产能最大的压水堆核燃料元件生产线，生产线产能达到 800 吨铀 / 年，跃居世界前列。

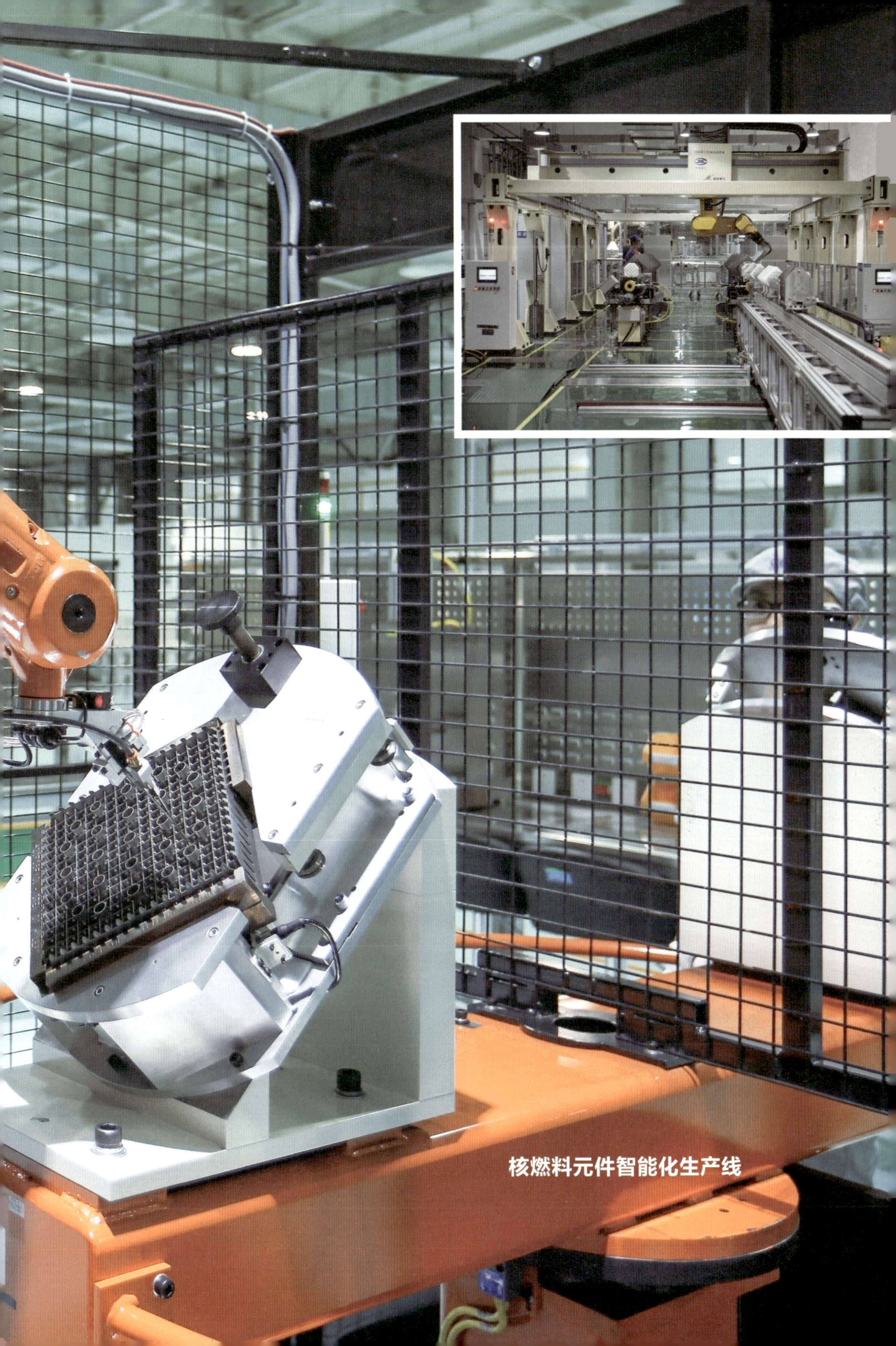

核燃料元件智能化生产线

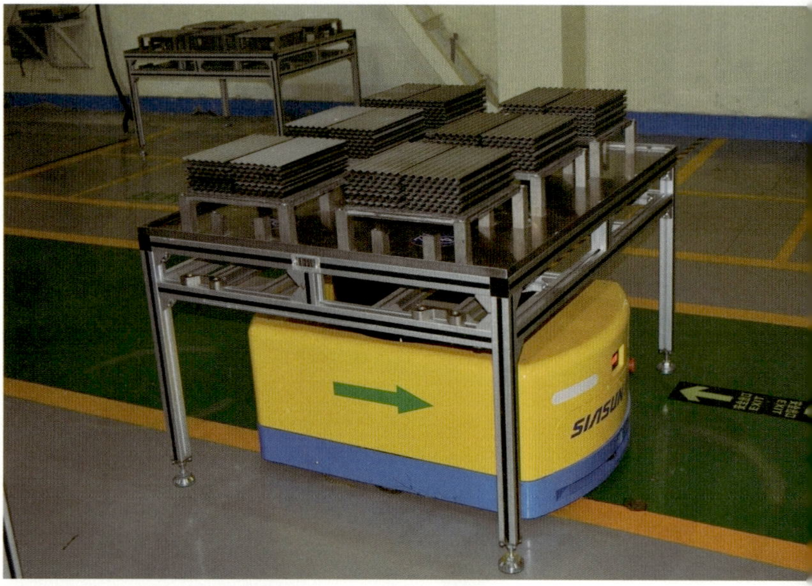

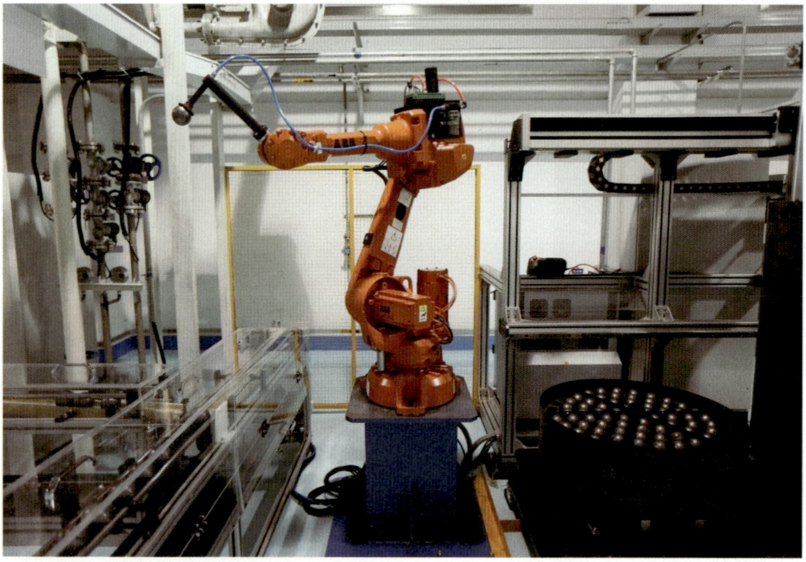

核燃料元件智能化生产线

多年来，中核集团具备了世界上主要类型的压水堆、重水堆等核燃料组件的制造能力，保证了国内大亚湾、岭澳、秦山、田湾、福清、宁德、红沿河、阳江以及巴基斯坦等核电基地的安全稳定运行。

AP1000 核燃料组件

含镍组件

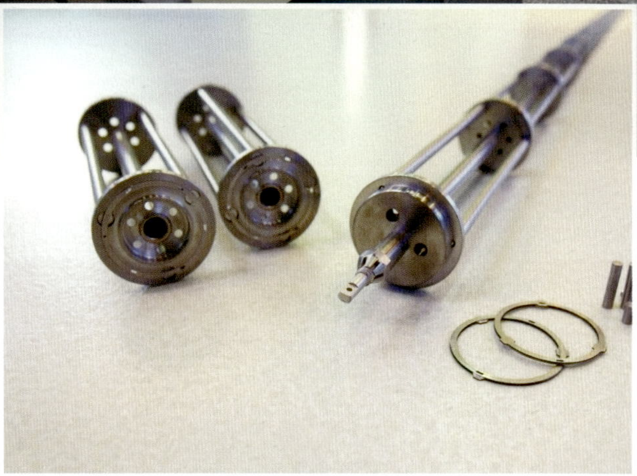

用于生产钴 -60 的钴调节棒组件

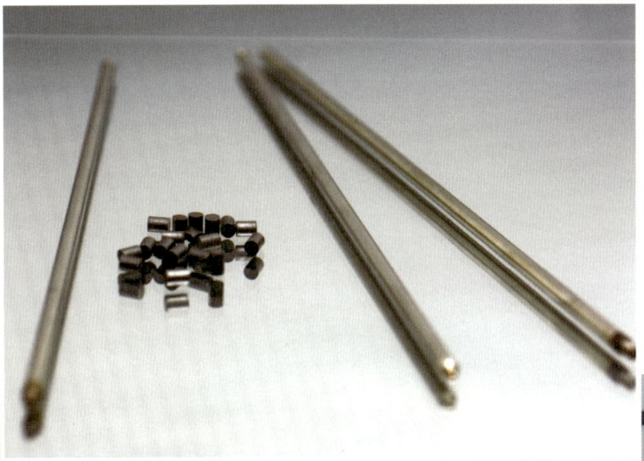

微堆用核燃料组件

VVER 核燃料组件

“华龙一号”组件入堆辐照

“华龙一号”组件装箱

中核建中核燃料元件有限公司成功研制具有自主知识产权的 CF2、CF3 燃料组件，为“华龙一号”落地及走出国门提供了坚实的燃料保障。

CAP1400 燃料组件

中核北方核燃料元件有限公司研制的海洋核动力浮动平台组件及大型先进压水堆 CAP1400 完全自主化核燃料模拟组件 。

海洋核动力平台组件

应用 3D 打印技术正在打印星形架

中核北方核燃料元件有限公司积极探索 3D 打印在核燃料元件制造上的应用。

星形架

大干60天 圆满接收乏燃料

我国核电站乏燃料贮存水池

核电站核岛内部检修

秦山核电基地

秦山核电站首次并网成功

秦山核电站

中国大陆首座自行设计和建造的30万千瓦原型示范堆核电厂，实现了中国大陆核电“零”的突破，被誉为国之光荣。

安全
核电站的
生命

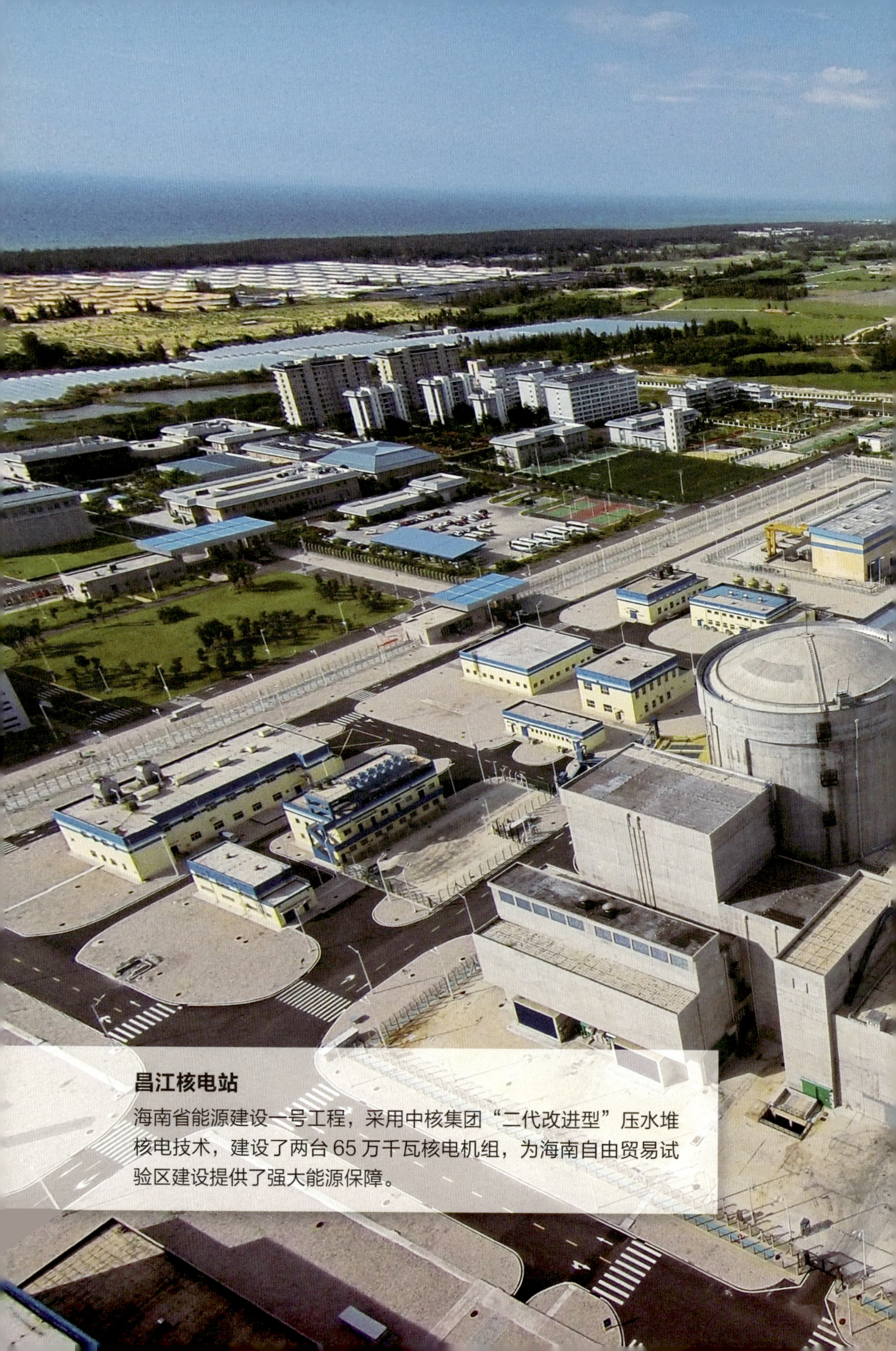

昌江核电站

海南省能源建设一号工程，采用中核集团“二代改进型”压水堆核电技术，建设了两台 65 万千瓦核电机组，为海南自由贸易试验区建设提供了强大能源保障。

方家山核电站

中核集团实施总承包模式的首个百万千瓦级核电机组，实现了我国核电从 30 万千瓦到 100 万千瓦自主发展的历史跨越。

“华龙一号”全球首堆福清核电站 5 号机组

标志着我国核工业在自主创新发展新阶段攀上了新的高峰，实现了从“核大国”到“核强国”的跨越。

追求卓越铸就华龙精品工程 创新科技建造核电一流基地
全员全过程全方位参与 全面提高质量安全水平
追求卓越铸就华龙精品工程 创新科技建造核电一流基地
FQNPC
铸华龙一号 铸国之重器

穹顶吊装

2017 年 5 月 25 日，“华龙一号”全球首堆福清核电站 5 号机组穹顶吊装成功。

蒸汽发生器吊装

2017 年 11 月 28 日，“华龙一号”全球首堆福清核电站 5 号机组首台蒸汽发生器顺利吊入设备房间。

“华龙一号”福清核电站 5、6 号机组

严细融入一切
进取成就一切

图 例

★ 北京　首都

○ 天津　省级行政中心

未定　国界

省、自治区、直辖市界

特别行政区界

1∶30 000 000

审图号：GS(2016)2889号

国家测绘地理信息局 监制

核电厂址分布图

截至 2018 年 3 月 31 日，中核集团在役核电机组 18 台，装机容量 1546.6 万千瓦；在建核电机组 7 台，装机容量 816.2 万千瓦。

辽宁徐大堡核电项目
河北海兴核电项目
江苏田湾核电厂
江苏田湾核电扩建工程
浙江秦山核电厂
浙江秦山第二核电厂
秦山第三核电厂
浙江秦山核电扩建项目（方家山核电厂）
浙江金七门核电项目
浙江三门核电工程
湖南桃花江核电项目
福建福清核电 5、6 号机组
福建福清核电厂
福建三明核电项目
福建漳州核电项目
海南昌江核电厂
■运行机组 ■在建机组 ■待建机组
黑龙江省
哈尔滨
长春
吉林省
沈阳
辽宁省
北京
天津
石家庄
济南
山东省
黄海
郑州
江苏省
合肥
南京
上海
杭州
浙江省
东海
武汉
南昌
长沙
福州
赤尾屿
钓鱼岛
台北
台湾省
台湾岛
广州
香港
澳门
东沙群岛
西沙群岛
永兴岛
中沙群岛
黄岩岛
南沙群岛
曾母暗沙

后记

党的十九大报告指出，要坚定文化自信，推动社会主义文化繁荣兴盛。2018 年，是核工业第一批厂矿创建 60 周年。为贯彻落实党的十九大精神，回顾核工业第一批厂矿创业发展的光辉历程，展现老一代核工业创业者们以祖国需要为崇高使命的精神追求，激励新一代核工业人继承核工业精神及优良传统，落实强军首责，在传承中创新发展。中核集团党组决定，开展核工业第一批厂矿创建 60 周年纪念宣传活动。编写《核梦初心》故事集和《核梦璀璨》照片集是纪念活动的内容之一。

自 2017 年 6 月开始照片征集工作，征集范围涵盖了核工业第一批厂矿及相关单位，共收到来自 17 个单位的 2000 余幅照片。编辑部围绕照片集主题，对框架结构进行合理设置，对照片进行筛选，对文字内容进行编写，以文字搭建骨架，以照片填充血肉，形成脉络清晰、内容丰富的记载核工业第一批厂矿 60 载风雨历程的照片集。编委会与专家组多次审核，编辑部反复修改、完善，最终汇编成《核梦璀璨》一书。

本书由中核集团党群工作部牵头负责组织，中国原子能工业有限公司具体承办，由中核北方核燃料元件有限公司负责编撰工作，邀请了中国核建集团党群工作部参与，核工业二二一离退休管理局、中国铀业有限公司、中核兰州铀浓缩有限公司、中国原子能出版社等单位全程参与了照片集的组织、编写、修改、统稿和出版工作，对参与单位表示衷心感谢。另外，特别感谢火箭军军史馆、“两弹一星”历史研究会、核科技馆、档案馆、中核（北京）

传媒文化有限公司、新华社图片专供部的大力支持。

在此，要特别感谢专家郑庆云、汪兆富、谢建源、杨志平、费本涛、何中华对本书编写进行具体指导并提出宝贵意见。杨志平对本书进行了统稿。

此外，照片集中人物的选择以各单位推荐为基础。在第一章中主要介绍了中央领导决策原子能事业发展以及核工业创立之初部级主要领导和第一批厂矿的主要负责人。在第五章主要介绍了我国“两弹一星”功勋奖章获得者及在“两弹”研制生产中作出重要贡献的专家。在第七章收录了新时代先进人物，由各单位推荐。

由于时间跨度大、涉及面广，加上编写出版时间较短，照片集中难免有不尽如人意的地方，恳请广大读者批评指正。

最后，再次向所有参与和支持本照片集编写出版工作的单位和个人表示真挚的感谢！

编　者

2018 年 5 月